商务英语的特点及翻译技巧探究

黄书君 著

吉林摄影出版社
·长春·

图书在版编目（CIP）数据

商务英语的特点及翻译技巧探究 / 黄书君著. -- 长春：吉林摄影出版社，2022.8
ISBN 978-7-5498-5450-9

Ⅰ. ①商… Ⅱ. ①黄… Ⅲ. ①商务－英语－翻译－研究 Ⅳ. ①F7

中国版本图书馆CIP数据核字（2022）第142233号

商务英语的特点及翻译技巧探究
SHANGWU YINGYU DE TEDIAN JI FANYI JIQIAO TANJIU

著　　者	黄书君
出 版 人	车　强
责任编辑	施　岚　朴　敬
封面设计	文　亮
开　　本	787毫米×1092毫米　1/16
字　　数	220千字
印　　张	10
版　　次	2022年8月第1版
印　　次	2023年1月第1次印刷

出　　版	吉林摄影出版社
发　　行	吉林摄影出版社
地　　址	长春市净月高新技术开发区福祉大路5788号
	邮编：130118
网　　址	www.jlsycbs.net
电　　话	总编办：0431-81629821
	发行科：0431-81629829
印　　刷	河北创联印刷有限公司

书　　号　ISBN 978-7-5498-5450-9　　　　定　价：56.00元
版权所有　　侵权必究

前　言

商务英语是在新时期背景下，为适应工作需要的语言要求而涉及国际贸易工作的方方面面。"商务英语"的概念自提出以来，如今已被广大跨国际集团应用，因而商务英语也成为国际企业对人才需求的一项硬性要求。那么，究竟什么是"商务英语"呢？首先，它从客观上强调了商务这一概念。商务英语的提出是趋向于商业活动的，那么商务英语自然而然地偏向于商务，商务英语是常规英语的延伸，其在常规英语的基础上，结合国际商务知识，在两者融合之中，构建了一门为商务活动服务并被大家认可的语言系统。要熟练掌握商务英语相对而言很难，因为商务活动的严明性与缜密性要求商务英语要抛除常规英语的随意性，进而在实际的表达中要运用准确、清晰的商务语言与对方进行沟通。

商务英语的语言特点与常规英语的特点截然不同。常规英语在学习过程中主要关注人的实际表达，有着很大的随意性和灵活性，主要是靠着人的主观感受去交流，而商务英语则恰恰相反，商务英语平时所应用在商业活动中，所以表达的语言内容是以商业活动的背景为前提的，需要高度的逻辑性和严密性，需要与商业活动相协调，商务英语的表达需对商业活动负责。因此商业英语的特点表现为用词方面的考究与严谨、表达方面的正式与精炼。除此之外，商务英语还有一个更为突出的特点，就是措辞的客套化。因为在商务活动中，各国有着不同的礼仪，所以在交流中，日常的礼仪是不能忽略的，互相尊重才能建立良好的关系。

每个国家、每个地域都有自己特有的文化，不同的价值观会产生不同的思维方式。英语起源于西方社会，因此在学习商务英语的过程中，要充分注重西方的交流方式、思维方法和社会背景。在日常的商务交流中，商务英语作为最直接的交流手段，因此商务英语的体系也趋向于西方社会的文化背景以及价值取向，商务英语也因为西方的风俗礼仪不同而蕴含了特殊的文化含义。因此，我们在学习商务英语的过程中，要时时刻刻关注商务英语的文化起源和传统思维模式，确保在日常的商业贸易中能够给对方带来良好的印象，也避免了双方产生不必要的误会。

经过本书简单的介绍，可知商务英语是一门系统且专业性很强的语言。从语言的特征上我们可以发现，商务英语是在常规英语的基础上衍生出来的一种正式化、专业化的语言，因而在对商务英语进行翻译时，首先应考虑对话的背景，商务英语具有很强的商业性，因为其普遍应用于国际贸易交流中，所以，我们在学习商务英语的时候，要了解相关的理论知识，并将其巧妙结合，才能学懂、学透。

目　录

第一章　商务英语教学理论研究 ……………………………………………… 1
第一节　商务英语教学现状 …………………………………………… 1
第二节　商务英语专业实践教学体系 ………………………………… 5
第三节　商务英语翻转课堂实践 ……………………………………… 9
第四节　商务英语专业教材建设 ……………………………………… 12
第五节　商务英语深化创新创业教育 ………………………………… 15

第二章　商务英语的特点研究 …………………………………………………… 19
第一节　商务英语的特点分析 ………………………………………… 19
第二节　商务英语的语言特点 ………………………………………… 23
第三节　商务英语的口译特点 ………………………………………… 26
第四节　商务英语信函语言特点 ……………………………………… 28
第五节　商务英语缩略语特点 ………………………………………… 31
第六节　国际商务中合同英语的特点 ………………………………… 34
第七节　外贸商务英语语言特点 ……………………………………… 38

第三章　商务英语翻译概论 ……………………………………………………… 41
第一节　商务英语简述 ………………………………………………… 41
第二节　商务英语的性质与特点 ……………………………………… 44
第三节　商务英语翻译的基础知识 …………………………………… 51
第四节　商务英语翻译研究的现状 …………………………………… 55

第四章　商务英语翻译的创新研究 ……………………………………………… 57
第一节　东西方文化差异与商务英语翻译 …………………………… 57
第二节　跨文化视角下的商务英语翻译对等功能 …………………… 60
第三节　图式理论与商务英语翻译 …………………………………… 64

  第四节 电子商务英语翻译探究 ·· 66

  第五节 论译者隐喻能力与商务英语翻译 ······························ 69

  第六节 解构主义翻译观下商务英语翻译 ······························ 73

第五章 商务英语翻译教学的创新研究 ·· 76

  第一节 期待视野下的商务英语翻译教学 ······························ 76

  第二节 提升商务英语翻译教学质量探析 ······························ 79

  第三节 4Es 标准下商务英语翻译教学革新策略 ······················ 82

  第四节 框架语义理论视域下的商务英语翻译教学 ·················· 86

  第五节 基于经济一体化下的商务英语翻译教学 ······················ 89

  第六节 建构主义理论视域下的商务英语翻译教学 ·················· 93

第六章 商务英语语篇翻译 ·· 96

  第一节 商号、商务名片的翻译 ·· 96

  第二节 商务广告的翻译 ··· 110

  第三节 商标、品牌的翻译 ·· 124

  第四节 商务信函的翻译 ··· 136

  第五节 商务合同的翻译 ··· 145

参考文献 ··· 154

第一章　商务英语教学理论研究

第一节　商务英语教学现状

作为培养高层次应用型专业人才的应用型本科院校，目前，在商务英语教学过程中，存在着一些问题，笔者尝试从应用型本科商务英语教学现状入手，并在此基础上探究了应用型本科商务英语教学模式创新改革策略，尝试给出了具有代表性的建议，提高商务英语的教学能效，从而达到应用型本科人才培养目标。

一、理论基础

建构主义理论。建构主义认为，个体的认知发展与学习过程具有密切关联，个体在与环境互动的过程中，逐步构建起自身的认知结构。斯腾伯格（R.J.Sternberg）和卡茨（D.Katz）指出，在构建认知结构中，个体的主动性起关键作用。因此，在教学过程中，该理论的核心强调学生为学习主体，教师通过课程设计、教学模式等引导学生对所学内容进行主动的构建。学生成为课堂的中心，通过情景、合作、会话等方式，发挥学生的主动性，提高学习效能。

能力本位教育。能力本位主义教育以全面分析职业角色活动为出发点，强调学生在学习过程中的主导地位，使其具备从事某一职业所必需的实际能力。教师以此为出发点来进行相关的教学内容、教学模式、教学过程的设计和评估。而这与商务英语的定位和培养目标是相契合的。外语与商务的结合，突出了商务语言运用、商务知识和实践能力、跨文化商务交际能力以及跨学科的人才培养理念和模式。

二、应用型本科商务英语教学现状

传统教学方式的局限性。商务英语教学的主要任务是培养国际型人才，其不仅要有扎实的商务英语基础，同时还要对英美国家的文化有足够的了解，能够实现跨文化交流。而传统教育模式的"灌输式""填鸭式"教育无法满足这种需求，无法保证教学工作的灵活性和有意识地培养学生的自主学习意识和自主学习能力。同时，在实际教学过程中，很多商务英语教师并没有意识到商务英语教学与公共基础英语教学的差异性，企图用一种大众式的教学方式来满足教学要求,未能准确地找到商务英语的教学方向。例如,授课班级人数较多,难以进行商务情境教学,缺乏实际的商务案例作为案例教学法的素材来丰富教学内容,等等。同时,如何平衡好英语语言教学和商务知识教授也成为案例教学中的一大挑战。案例教学法的实施必须依赖于案例的有效性、实用性,否则就会导致这种教学方式沦为形式,不能体现出它的优势和作用,更不能对教学有效性的提升产生作用。

  商务英语教学与实践环境脱节。我们知道,商务英语教学所服务的对象主要是商务领域,而商学院更是培养商务人才的主要场所,如果能够将商务英语教学与应用型本科院校商学院专业教学有机结合到一起,那么不仅可以为商务英语教学指明方向,同时还可以让这些学生掌握更多有关商务方面的知识,这对他们未来的发展是非常有利的。但是,在很多应用型本科院校,商务英语教学与商学院专业教学基本上是两个完全独立的个体,彼此之间并没有什么明显的联系,教师在为学生安排教学内容时也主要以英语语言应用知识教学为主,与实际运用环境脱节。

  缺乏对学生综合能力的培养。受到应试教育的影响,很多商务英语教师在开展教学工作时只注重对理论知识的教授,并没有根据学生未来发展需要有意识地通过完善实践教学而培养学生的综合能力。商务英语由英语语言学习、跨文化交际以及商务知识三个部分组成。而且就学生未来所从事工作的性质而言,他们同时还需要有一定的随机应变能力,可以根据交谈对象所提出的问题制定相应的措施,从而维护企业的根本利益。尤其是在跨文化交际方面,中西方文化具有非常明显的差异性,商务英语教学的目的就是要让学生通过学习商务英语实现跨文化交流。

三、应用型本科商务英语教学创新策略建议

  通过将商务英语教学与应用型本科院校商学院专业有机结合起来,培养学生跨文化交流能力、英语语言表达能力等。在这个过程中,教师尤其要注意的是教学方式的选择,其必须摆脱应试教育的影响,从改革教学方式等方面入手,采取商务案例教学法、情境教学法、项目教学法等教学方式,以提高学生语言应用能力为立足点,以提高学生未来就业竞争力为最终目标,开展商务英语教学创新改革工作。

  改革教学方式。建构主义理论认为,学习是同一定的情境相联系的,商务英语的教授离不开一定的商务情境。通过融入新的教学思想来改革教学方式,激发学生课堂听课兴趣。对于学生而言,他们也可以为提高课堂教学有效性做出努力,根据自己的需求给教师提出合理性的建议。在互联网时代背景下,教师要善于利用网络资源完善教学,及时进行商务案例的更新与修正,丰富教学内容,保障教学内容的实用性。除此之外,教师还可以为学生设计有效的情境教学模式,采取小组讨论、翻转课堂、情景模拟等商务英语交流的方式来进行教学,提高学生的实践应用能力、逻辑思维能力以及随机应变能力等。只有改革教学方式,学生才愿意将时间和精力投入商务英语学习环节,才能培养其自主学习的意识,

从而为提高自身就业竞争力不懈努力。

将商务英语教学与应用型本科院校商学院专业结合起来。商务英语教学明显与公共基础英语教学不同，首先是侧重点不同，其次是服务的主体不同。正是由于两者存在这种差异，所以就要求教师能够将商务英语教学与应用型本科院校商学院专业教学有机结合到一起。在语言应用和跨文化交际能力的基础上，按照国际商务规则和商业文化惯例，采取跨文化交际策略和商业策略进行有效沟通。强调的商务实践能力包括电子商务、市场营销、商务谈判、国际贸易，等等，因此将商务英语教学与应用型本科院校商学院专业结合起来有助于建立语境联系，也有利于培养学生的实践能力和语用能力。

注重对学生综合能力的培养。教师要根据时代发展的要求合理安排理论教学与实践教学课时，保障理论教学能够与实践教学同步发展，在学生掌握足够的商务英语理论知识的基础上还能具备一定的实践应用能力，为提高学生的综合能力奠定基础。提高创新能力也是商务英语应该重点关注的内容，因为创新才是他们未来发展的主要推动力，在任何时候都必须要有创新意识。教师可以通过教学设计和互动来促进学生综合能力的提升，在互动中"拨乱反正"，保证教学活动能够符合学生的实际需要。培养国际商务环境调研能力，要求学生广泛深入地了解跨国贸易知识和对象国的历史、地理、政治等区域国别知识，从而培养学生运用国际商务调研方法，发展跨学科、跨国别和跨文化的能力。

从当前应用型本科商务英语教学现状来看，应用型本科商务英语教学存在一些问题，这些问题主要体现在以下几个方面：教学方式老套、教学与实际应用环境脱节、缺乏对学生综合能力的培养、不符合跨文化商务交流的要求、不注重对学生交际交流能力的培养等。为促进应用型本科商务英语教学质量的提升，作为商务英语教师，必须深入理解商务英语的微观、中观和宏观概念，即语言语用学、跨文化交际和语言经济等核心概念，也要不断提升和完善自己语言、文化和商务等领域的知识体系。借助多媒体等科技手段，改革教学方式，与本院校商学院专业课程实现有机结合，丰富教学内容和形式，提高学生的上课能效，使商务英语教学与应用型本科的人才培养目标相一致。

（一）转变商务英语专业办学理念，明确人才培养定位

要摒弃传统的单一型人才培养模式，以就业为导向，以培养学生动手能力为核心，在人才培养过程中加强学生英语交际能力的培养，重视学生商务知识和商务技能的学习与训练，使学生既有较强的英语商务沟通能力，又具备一定的商务操作技能，从而实现"英语"和"商务"的有机结合，以实现"英语能力＋专业知识＋商务操作能力"人才培养目标。

（二）调整教学模式，优化课程设置

商务英语专业的教学目标是使学生掌握基本的商务知识，在商务环境中使用英语与商务人员进行沟通与交流，能参与各种商务活动，并具有了解其他国家商业文化的能力。为了使学生在学习期间能够达到社会所需的英语语言能力、商务知识结构和商务操作技能，商务英语专业应摒弃"以教师为中心，重语言训练和理论学习，轻实践操作"的传统教学

模式，构建"以学生为中心，以语言训练和理论学习为基础，重实践操作"的教学模式；同时，针对人才培养目标和教学特点，充分考虑语言课程、理论课程和实践课程在不同学段所占的比例，整合和优化这些课程，使学生的商务专业知识学习和英语语言技能训练有机地结合起来，突出课程的实用性和针对性，从而实现学生就业的"零"对接。

（三）采用灵活的教学方法和先进的教学手段

在课堂教学活动中，商务英语专业教师要因材施教，灵活运用任务教学法、启发式教学法、CAI辅助教学法、讨论式教学法、系列模块教学法、项目式教学法等，不仅要将商务专业知识向学生精讲，使他们在最短的时间内获取到最大价值和最有效的信息，还要巧设一些教学活动项目如问题讨论、小组辩论、商务角色扮演、商务现场模拟等，让学生在活动中运用已学过的知识积极思考。同时，在教学中不仅要充分利用计算机、投影仪、DVD、多媒体网络等现代教育技术手段向学生呈现有关实训项目的图片资料、录像或计算机动画等，还要充分利用网络教育资源和设备实现模拟场景练习，以提高教学效果。

（四）重视第一课堂教学与第二课堂活动的有机结合

第二课堂活动是第一课堂教学的补充和延续。在第一课堂教学中，教师不仅要把英语作为媒介向学生传授商务方面的知识，还要为学生创设一些相关情景如商务社交、贸易洽谈、商务谈判、商务会议、"成立公司"、产品发布会等，让学生模拟参与一些商务活动；与此同时，在保证第一课堂教学质量的同时，将第一课堂教学与第二课堂活动有机结合起来，充分利用互联网、校园局域网、有线电视、广播电台、多媒体等资源为学生提供各类展示自我的平台，以激发他们的学习兴趣和热情，培养学生的创新意识，提升自我表现能力。

（五）加强师资队伍建设

为解决商务英语师资瓶颈问题，学校应制定一些行之有效的特殊政策，如积极引进具有丰富实践经验的持有硕士或博士学位的商务英语人才，入校后直接落编并聘为中、高级职称；主动与企业联系，寻求企业的支持与帮助，定期或不定期地将从事商务英语教学的教师选派到相关企事业单位进行短期见习或阶段性兼职；聘请商务英语方面的国内外权威专家、学者及企业优秀商务人员作为客座教师来校讲学，提高商务英语教学质量；定期选派骨干商务英语教师走出国门进行商务专项深造和考察；组织人力或依托兄弟院校对商务英语教师进行短期业务培训；鼓励商务英语教师阅读相关专业书籍，参加业务实践和网络学习，增强商务知识和技能，提高自身素质。

（六）加强校内外实训基地建设

校内外实训基地是商务英语专业常规实训的主要场所。在校内，应结合企业标准，建设校内实训基地，为学生提供真实的岗位训练场所。同时，要主动与相关企业沟通、协商，并依托其建立比较稳定的校外实训基地。

第二节 商务英语专业实践教学体系

实践教学体系的构建直接关系着学生综合职业能力的培养，也是应用型人才培养的关键。本节以宜春学院商务英语专业为例，在分析目前商务英语专业实践教学中普遍存在问题的基础上，试图在教学目标、教学内容、教学评价、教学保障等方面对商务英语专业实践教学体系的建构与具体实施进行分析，以期对地方本科院校商务英语专业人才培养提供借鉴。

经济全球化背景下，社会亟需大量既精通英语又擅长国际商务的高层次商务英语人才。2018年，国内已有393所院校开设了商务英语本科专业。商务英语具有跨学科的特点，涉及贸易、投资等各类经济、商务、社会活动，是应用性和实践性较强的学科。商务英语教学是商务英语与商务知识有机复合而成的英语专业人才培养模式，尤其注重培养学生较强的实用商务英语应用能力。

根据《国家中长期教育改革和发展规划纲要(2010—2020年)》，地方本科院校转型发展，应立足服务地方社会经济发展目标，致力于培养服务区域经济社会发展的应用型人才，而这正与商务英语专业的人才培养目标是一致的。

当前中国商务英语教学仍然面临诸多挑战，其中最薄弱的环节当属商务英语实践教学。具体的、可操作性的实践教学体系的构建还不够完善，应用性、推广性有待增强，实践教学的整体质量还不高。转型发展背景下，旨在培养能够适应社会和市场需求、具有应用能力和职业素养的商务英语人才的商务英语专业实践教学改革势在必行。

一、商务英语本科专业实践教学存在的问题

高校的重要功能之一是为经济社会建设服务，为经济社会发展提供人才和智力支持。因此，在人才培养上，应注重实习和实训等实践教学环节。近年来，地方应用型本科高校认识到了实践教学的重要性，增加了实践教学环节，但是在操作中受各种因素的影响，大多只是流于形式，导致重实践教学形式而轻实践教学效果的普遍现象。

目前，商务英语专业实践教学体系突出存在以下问题：

（一）商务英语师资队伍专业素质不高

应用型本科高校的商务英语专业教师大多为英语语言文学专业教师转型而来。这些教师尽管英语功底较好，但知识结构单一，缺乏贸易、金融、管理等商务专业知识背景，尤其缺乏商贸实践经验，导致教学一味地注重英语语言知识与能力的传授而忽略商务知识的讲解，尤其是商务实践的运用。一些商务专业知识与理论性较强的课程，如经济学原理、国际商法、国际贸易理论与实务、报关实务、市场营销等课程则更是往往由国贸、经管专

业的老师采用全中文授课。这种商务英语教学中普遍存在的突出的现象导致商务与英语教学割裂开来，不能有机融合起来，不利于商英专业应用型人才培养模式的合理建构，无法培养适应人才市场需要的应用复合型人才。

（二）商务英语实践教学基地不足

"与英语专业不同的是，商务英语专业应突出强调商务实践能力"。实践教学基地作为实践教学的必备硬件设施，包括仿真和真实的商务实训环境。由于传统教育理念与多方面因素的限制，应用型本科高校在实践教学基地建设上往往重视与投入严重不足，导致规范化、系列化的实验室和实训室匮乏，稳定合作、互利互惠的真实情景的校内外实战实训基地十分缺乏，学生的商务实战能力无法得到有效的训练与发展。

（三）重理论知识传授，轻实践实验教学

由于受传统教育思想的影响，长期以来，高校教学出现了以理论教学为主、实践教学为辅的重理论轻实践的教育观念，造成学生书本知识与企业真实需求之间的脱节以及理论与实践脱节，严重影响人才培养的质量。受传统英语语言文学专业的影响，现行的商务英语专业课程体系中，学科基础课、专业教育课普遍存在理论学时比重过高，而实践学时占比太轻，不符合商务英语专业学科性质和人才培养目标的要求；实践教学环节模块更是普遍仅占总学分的 10%～15%，不能满足商务英语实践教学体系的合理建构。

二、应用型商务英语专业实践教学体系的构建

实践教学是完成对学生知识传授、技能训练、能力培养、素质养成的综合性教学环节，对调动学生的学习积极性，培养的学生创新精神与创造能力，发展学生的智力因素、非智力因素和优秀品格，具有重要意义。科学规划和设计实践教学体系对于高校转型发展建设进程中学生实践能力的形成尤为重要。根据国家政策和应用型高校定位，要逐步建立目标明确、内容科学、形式多样、开放包容、分层递进为主要特征的实践教学体系。

（一）明确商务英语实践教学目标

根据《商务英语国家标准》，商务英语本科专业旨在培养英语基本功扎实，具有国际视野和人文素养，掌握语言学、经济学、管理学、法学（国际商法）等相关基础理论与知识，熟悉国际商务的通行规则和惯例，具备英语应用能力、商务实践能力、跨文化交流能力、思辨与创新能力、自主学习能力，能从事国际商务工作的复合型、应用型人才。

基于商务英语人才目标，地方应用型本科院校应立足于服务地方社会经济发展目标，致力于培养服务区域经济社会发展的应用型商务人才。学生必须具备相应的专业技能和素养，具有实践能力和创新能力。要实现这一目标，不仅要抓好理论教学，更为重要的是要抓好实践教学，全面锻炼学生的语言技能、商务沟通技能、跨文化交流能力、人文素养和专业综合能力，尤其致力于提高学生的商务实践能力和应用能力。

商务英语实践教学,不仅要培养学生过硬的英语技能,包括听、说、读、写的能力,还要熟悉国际贸易和金融知识,能用英语进行商务交流、贸易谈判、正确书写外贸函电、独立进行国际贸易操作,以达到符合社会需求的应用型人才培养的目标。

(二)优化实践教学课程体系

完善商务英语人才培养方案:进一步压缩学科基础课、专业教育课的理论课程教学学时和学分,增加实践课程教学学时学分,使实践教学学时和学分达到30%以上,并逐步提高实践教学环节模块的学时学分,以有效培养与提高学生在国际商务环境中的语言应用能力、实务运作能力和创新创业能力。

重构实践课程体系和教学内容。商务英语实践课程体系包括三大模块,即英语基础能力训练模块、商务英语综合能力训练模块和商务实战能力训练模块。我们采取课堂实践和集中实训相结合的方式,将英语语言能力训练、商务专业知识教学、商务技能培训、跨文化交际能力培养、人文素养的培育以及商务综合能力的训练融入与贯穿于四年本科教学中,不断强化实践教学内容,培养和提高学生国际商务环境中的语言应用能力、实务运作能力和创新创业能力。

商务英语由于专业的实践性与实用性强,教学内容必须注重与时俱进,但是囿于种种原因,缺乏新颖的典型案例(库)。应增加货真价实的商务沟通与谈判内容,整合课程内容,突出课程中与专业实践能力关系密切的理论及经典案例;大力增加综合性、设计性试验和模拟教学训练;大幅增加单独开课的实训课程,夯实商务英语实践教学效果。

落实实践教学模块环节教学。实践与理论教学是高校教学中两个不可分割的组成部分。商务英语专业人才培养方案实践教学模块主要包括商务实践教学、专业实训和毕业实习三个部分,改革现行的实践性教学环节是优化商务英语课程体系的重要内容。

为满足"应用型商务英语人才"的培养要求,实践环节教学具体实施如下:首先,商务实践教学为小学期制,第2、4、6学期末进行,主要内容为商务英语实训与商务应用能力自主训练:进行多媒体商务软件自主训练,辅以必要的检测环节。其次,第7、8学期参加毕业实习,可在校内外实习基地和其他实习场所完成,了解企业运行机制及市场行情,进行商务实训。第四学年学生撰写毕业论文或市场调研报告。通过实践环节的训练,培养学生的国际商贸业务实践能力与电子商务模式实操能力。

实践性教学环节的所有活动应以课堂教学的内容为基础,并在教师指导下开展,目的在于激发学生的学习兴趣以及培养学生的自主学习能力、语言综合运用能力、组织能力、交际能力、思维能力和创新能力。

(三)改革实践教学评价标准

学校应打破以教师为唯一评价主体和期末考试成绩为唯一评价方式的片面静态的评价模式,改革课程考核评价办法,实行教学考核评价内容和方式的多元化。

对实践教学考核要结合实践课程教学大纲的目标、要求,提升实践教学效果评价的考核方式,精心设计实践活动和实践任务,重点考核学生参与的各个实践教学环节,参与程度、所做的工作以及实际收获;加强阶段性指导,强调"学以致用"。学校和相关企业共同对学生在校内实训、校外顶岗实习、专业实习等的表现,如实践能力、语言应用能力、职业道德素养、解决问题能力、创新能力等作出评价。把过程考核和结果考核结合起来,对学生实习实践全过程进行考察和评价。

(四)优化实践教学体系保障

加强校内外实践实习基地建设。商务英语专业方向要至少建立两家至三家有实质性合作、专业对口、相对稳定的校外合作基地。外国语学院先后在义乌、嘉兴、杭州、深圳等城市建立了校外实习实训基地。"一方面,邀请企业专家担任商务英语实践教学导师;另一方面,校外实训基地也接纳商务英语专业实习生,使其在真实的商务环境下,培养英语语言表达能力和商务实践能力。"充分发挥利用商界校友资源的优势,开展校企合作。聘请业界校友回到母校担任外聘教师或者创新创业导师,给学生开设商务实践课程;或者实践周期间给商务英语学生做电商讲座,并提供公司资源作为学生实践基地与平台。

"利用校内的实训基地和校企合作设立的'大学生就业孵化基地',创设校内真实情境",为学生提供商务实训机会。与此同时,积极扩大校企合作领域,引进企业资源,巩固和拓展校外实习基地,为学生集中实习提供场所,推进"实习+就业"基地建设。2016年12月,为贴合社会需要,与橙果电商企业合作,成立了国内首个高校跨境电商学院。展开校企合作、联合办学模式,加强学生的社会实践,让学生将理论与实践相结合,从而提高学生的综合素质,同时也向企业输送合格商务人才。

加强实践教学教师队伍建设与实践教材建设。教师永远是教学工作的核心,商务英语教学必须积极打造一支过硬的实践教学队伍,即"双师型"教师。

外国语学院(跨境电商学院)应积极加强校企合作,与企业签订校企合作实践基地合作协约,鼓励中青年教师采取脱产或半脱产形式进入企业挂职锻炼。让他们参与企业外贸业务工作及管理,了解商业贸易运作流程,同时可以提升教师的商务实践技能、使本专业教师及时掌握学科发展动态、了解外贸实践的现状与问题,积累课堂教学案例。加强岗位在职培训,提升校内实验教师队伍业务水平,使具有企业工作经历与实践教学能力的"双师型"教师数量逐步达到《商英国标》所要求的"专业教师中语言类、商务类、实践类三类师资6:3:1的比例"。

同时,积极派出教师到国内一些著名经贸类大学进行脱产访学进修,或者参加国家各级各类商务英语实践教学研讨会、跨境电商课程师资研修班以及商英教师国际商务实训技能教学研修班,等等,开阔教师的商务专业实践教学视野,提高教师的外贸实践教学能力,从而进一步加强商务英语实践师资建设。

在商务英语专业实践师资建设之外,商务实践教材建设也是实践教学有序有效实施的重要保障,实践教学必须配有实践教学教材或实践教学指导书。以培养学生实践能力、职业能力为目标,组织教师与业界人士共同编写实践教学教材或实践教学指导书。邀请业界人士开设专业讲座,加强专业理论学习与行业实践的联系;并聘请企业指导教师进行实践教材的案例补充与完善工作,从而为提高实践教学质量提供保障。

加强跨境电商实践教学平台建设。基于地区经济与外贸行业的实际需求,在信息化时代,教师必须充分利用现代科学技术,利用网络突破时空限制,在仿真或真实的训练环境中,探索改革商务英语专业创新人才培养方式。建立跨境电子商务仿真实训中心,促进虚拟仿真技术在实验教学中的应用。建设多功能语言情景实训室、商务英语实训平台、跨境电商实训室以及模拟商务谈判实训室;并与软件公司合作,建立商务英语3D情景口语实训系统与3D仿真商务英语综合实训系统,以增加跨境电子商务平台知识,培养具备综合商务技能的商英人才。

"实践教学是实现应用型人才培养目标的核心要素,是把语言教学、商务知识教学、技能训练融为一体的纽带。"随着地方高校人才培养目标向应用型转型,高校分类培养、错位竞争成为必然。应用型本科院校应立足社会需求,创新实践教学体系,以适应新形势下专业教育多样化的市场需求。构建完善的商务英语实践教学体系不仅是实现应用型商务英语专业人才培养目标的重要保障,也是提升毕业生就业核心竞争力的关键所在。

第三节 商务英语翻转课堂实践

翻转课堂作为互联网时代信息技术发展与教育教学改革相结合的产物,在高校英语课程中得以实践应用,尤其是处于转型发展中的应用型本科院校的商务英语专业,为了实现应用型人才培养目标,采用翻转课堂教学方法,改变传统商务英语课堂单调的纯知识讲授,而实现课堂知识含量的增加,教学方法的灵活丰富。本节从当前商务英语课程中翻转教学的现状出发,通过分析存在的问题,提出有效的改进策略。

一、商务英语翻转课堂教学实践的现状与存在的问题

翻转课堂教学模式采用现代信息技术手段,将实体课堂与虚拟课堂有效结合,在应用型本科院校课堂帮助学生知识建构的过程中发挥引导作用,对于学生更有效地利用网络资源,实现知识的深度内化,提高学习效率起到积极的作用。传统的教学模式主要构成为教师课内传授知识与学生课后消化吸收知识的结合。然而,由于高校英语教学的任务量大,而传统的课内讲授受到课时的限制不能达到拓宽学生知识面的效果,课外布置的作业教师也往往难以及时检查与批改。21世纪翻转课堂模式的广泛应用改变了传统的教学流程,教学由学生课前在线自主学习与教师课内辅导相结合,通过师生互动与生生互动等方式实现知识的更好传递。翻转课堂的应用大大改进了高校英语课堂的教学效果,学生在课堂上学

习到了超越书本的知识，开阔了视野，提高了学习积极性，培养了思考能力和解决问题的能力。由于学生在课前已经通过教师预先做好的视频或者课件了解了课程的内容，在课上就能更有效地理解知识点，并能够很快地用英语进行讨论与交流，更加有效地提高学生的英语语言应用能力，提高专业知识的学习效果。

然而，现阶段的翻转课堂也存在很多的现实问题。例如，有些教师自身就没有理解翻转课堂的实质意义，认为翻转不过是教学顺序的简单颠倒，从而并没有实现翻转课堂所应达到的教学目的。还有的老师不熟悉翻转课堂的使用方法和平台功能，使得所建的课程缺乏逻辑层次，资源放置不合理，学生浏览起来烦琐复杂，给学生增加了学习的障碍。很多教师只是把传统的PPT、传统讲授的简短录像放在翻转课堂里，新坛装旧酒，缺少创新设计。可想而知，这样的翻转很难激起学生的学习热情，课前的学习效果也会因此大打折扣。还有的教师将课堂时间完全交给学生，学生盲目学习，缺少作为教学指导者对学生的引导。因此，教师应在实践以前参加翻转教学法的培训，了解翻转的精髓，否则就不能实现有效翻转，甚至会影响教学效果。

另外，从学生角度调查发现，课前自学的效果不理想，体现在平台浏览次数不均匀、讨论区不活跃、作业完成质量差。有的学生甚至从来都没参与过课前的预习活动。在课堂中，由于教师的翻转设计不合理，教学中只有个别学生与教师互动，大部分学生成为被动的听众，教学效果不尽如人意。这种情况出现的原因一方面与翻转教师有关，教师没有充分认识到翻转设计的重要性，也没有精心设计翻转环节，因而不能通过有效的活动激发学生的潜能、学习的激情和活力，没有实现真正意义上的翻转。另一方面学生的自主学习能力和自控能力较差，需要教师进行必要的监督和引导，培养学生的自主学习能力和习惯。教师不仅是翻转课堂的实施者，也是学生的指导者和帮助者。翻转课堂与传统课堂一样，都应以学生为主体，调动所有学生的学习积极性，最大限度地实现教学目的，这是翻转课堂成败的核心所在。

二、商务英语翻转课堂的改进策略

首先，为了达到商务英语翻转课堂的教学效果和教学目的，教师在实施翻转课堂设计前必须参加关于翻转课堂方面的师资培训，同时也要对参与翻转课堂的学生进行培训。教师培训内容包含教学理念、软件的使用、网络学习环境建设及应用等。通过培训，使教师转变教育观念，创新翻转课堂教学模式，根据自己所教课程的性质和特点选择适合的翻转设计。同时，掌握微课的设计和制作方法，能自主设计制作微课及课件；掌握网络平台的基本功能及具体的操作，能够建设平台并将其应用到翻转课堂中。例如，在商务综合英语课程中，某节课的教学目的是对学生应用常用句型，对公司新产品宣传进行设计训练，教师在课前要查找网络上的优秀教学资源，然后请教信息技术系的同事，通过精心设计，开始自行录制教学视频。经过多次练习反复录制，最终录成大约20分钟符合本节课教学目标并适合学生理解和接受的视频。作为课前练习，翻转视频学习能够帮助检测学生对课程的理解程度，让学生及时发现疑惑，记录下来并在课堂上解决。

第二，为了提高教学效果，突出学生作为学习中心的主体地位，要设计以学生为中心的翻转课堂学习模型。在设计中要体现人性化，对翻转课堂的建设强调以学生为中心，教师在设计翻转时要时刻站在学生的视角，以最便于学生操作的形式进行设计。翻转的环节要简洁易操作，避免学生在学习时程序过于烦琐，从而降低学习积极性。

第三，翻转设计的主题要突出，有的放矢。教师在设计翻转时要突出当堂课的教学要点，层次清晰，层层推进。在介绍知识的同时，提出问题，引导学生进行思考。思考题的设计应具有一定的深度和广度，培养学生的逻辑思维和思辨能力。商务英语课程性质为培养商务专业的外语人才，因此，在设计翻转时应充分考虑对学生商务知识的训练，同时要培养学生的英语交际能力。

第四，翻转课堂的线上+线下教学的有机结合。线上即课前与课后教学阶段，教师通过网络平台对学生进行指导。教师是指导者与组织者，网络平台是媒介，教师通过设计不同的模块引导学生进行实践。线下指导主要是指在课中阶段教师在课堂上对学生的指导。在教师的管理、组织和控制下，学生得以答疑解惑。在线下的课后阶段，教师可以充分利用移动学习手段，即手机微信或者QQ来解决学生交流中随时会遇到的问题。教师要及时发现学生学习中存在的问题，并适时给予针对性的指导，帮助学生高效地完成知识的消化理解，并达到自如运用的目的。

第五，翻转的重中之重是教学活动的设计。教学活动设计的好坏是翻转课堂是否优质的评价依据。教师首先要清楚教学目标、意义，教学的重点、难点来设计有效的翻转课堂。当前翻转课堂的教学形式包括现场讲授与提问、分小组讨论、学生规定情境的角色扮演、小组协作的成果展示、教师的总结与点评等。翻转教学活动设计要能够帮助学生知识内化，技能得到提升，还要帮助学生在交流与合作中完善自身，提高团队协作、创新等能力。例如，商务英语学习的最高水平是能够进行商务谈判。因此，教师可在翻转的课前阶段设计一些商务谈判方面的视频，让学生在课前对商务谈判的流程与要点有所了解。课堂上，学生通过课前的了解和准备，并通过教师对谈判知识和谈判方式的讲解，产生跃跃欲试的实践动力。之后教师可以安排模拟商务谈判，让学生以理论指导实践，以实践加深对理论的理解，从而高效地完成教学任务。

第六，建立综合考量的翻转课堂教学评价机制。

翻转课堂与传统课堂的教学模式不同，构成要素不同，因此，与传统课堂的评价机制不同，翻转课堂的评价机制要考虑多方面的因素。课中的评价要考虑学生在课堂上的学习态度情况、回答问题的情况、阶段测验与线上线下作业的完成情况、在团队中个人贡献大小以及小组展现的成果优劣等多种要素，综合各种因素进行测评。如果学生每堂课回答问题的次数与正确率都很高，在小组讨论中表现积极，成果展示时主动代表小组发言，阶段测试分数较高，提交的成果质量也高，则该学生的翻转课程成绩也较高。通过课前、课中、课后学生的学习情况，同时结合考试成绩，综合的评价机制使得翻转课程的课堂教学评价机制更为全面、客观，可操作性强，也可以激励学生积极努力学习，提高综合素质。

三、翻转课堂教学的发展趋势

翻转课堂在应用型本科院校英语课堂中的广泛应用是互联网时代高等教育与时俱进，顺应时代进步与发展而出现的教学模式。到目前为止，翻转课堂在高校英语教学中已经取得了很好的教学效果。翻转课堂改变了传统教学局限于课内时间与教学条件的限制，最大限度地利用现代信息技术手段来扩大学生的知识面，提高课堂的知识含量，发挥学生学习的主动性和创造性，提高学生的语言表达能力和思辨能力。翻转课堂在高校商务英语课堂中的应用给高校英语教学改革提供了有意义的参考。

21世纪是"互联网+"时代，随着世界经济一体化不断向前迈进，我国改革开放不断深入，国家经济快速发展，我国部分高校已经开始由学术研究型向应用技术型转型。商务英语专业作为直接面向经济贸易和国际贸易的专业，更应该顺应时代发展的需要，适时转变教学理念，加强课程体系和教学手段和方法的改革，运用多媒体技术改革陈旧的教学手段，使用现代化的教学设备进行教学，培养复合型应用型的国际人才。"互联网+"时代诞生的翻转在高校英语教学中的应用必将走向使用面更广泛、方法更科学、教学更有效的趋势。而如何利用翻转课堂来提高教学效果，如何将翻转推向更科学、更有效的发展方向，相信在高校商务英语专业教师的大胆尝试和创新探索下，通过不断的研究与思考，能够使翻转课堂发挥更大的作用，对于促进高校商务英语教学的发展，培养国际化外语人才以适应全球经济发展的需求发挥积极的作用。

第四节　商务英语专业教材建设

商务英语专业发展前景广阔，但专业建设的任务还十分繁重。其中，教材建设也日益引起广大专家学者的关注。优秀的商务英语教材对提高教学质量、培养复合型商务英语人才起着至关重要的作用。本节基于商务英语专业教材建设的现状和实际问题，探讨地方商务英语专业教材建设的具体措施。

商务英语是应用性复合型专业，主要培养从事涉外商务活动的高技能型人才。在地方应用型本科院校开设商务英语专业，是从事商务英语教学与研究的广大教师多年奋斗的目标和共同心愿，更是顺应时代需求的伟大变革。而面临国际商务交往活动日益频繁和国际商业竞争日益加剧的新形势，如何培养更加具备国际化视野的复合型商务人才，则是亟待思考和探索的一大工程。作为学科"新生儿"，商务英语专业建设的任务还十分繁重，在学科定位、教学模式、课程体系、教材建设和师资队伍建设等方面还有待继续摸索。教材是教学活动的载体之一，为提高教学效率提供有力的保障。本节基于地方商务英语专业教学的实际情况，对商务英语专业教材建设提出自己的想法和思考，以期为提高商务英语教学水平、提高人才培养质量，进而促进高等教育更好地服务区域经济发展作出一定的贡献。

一、商务英语专业教材建设的现状和存在的问题

优秀的商务英语教材是保证商务英语教学效果的基础，目前，我国商务英语教材建设取得了很大的进步，主要体现在以下几个方面：①各校专家形成合力，编写出了一批商务英语统编教材。②商务英语教材编写中的"推陈出新"日益引起编者的重视。近几年国际商贸业务中出现的新内容、新名词都渐渐被纳入教材，因此，教材编写的适用性明显增强。尽管国内商务英语教材建设与过去相比取得了可喜的进步，但同时也依然存在着亟待解决的问题：

重复建设，资源浪费。教材建设中低水平的重复建设最直接的后果是资源的浪费以及市场的压力，而真正能满足实际所需的商务英语教材又比较匮乏。因此，教材编写者和出版社应尽量准确及时地把握商务英语教材编写、出版的市场情况，避免产生和市面上已有教材相似的教材，以便集中优秀资源投入到更前沿、更为各层次办学所需要的教材开发上去。

商务英语教与学方面的辅助教材较匮乏。综观我国目前商务英语师资实际情况，我们发现少数商务英语教师虽然具备扎实的英语语言基本功和一定的国际商贸方面的理论基础知识，但他们缺乏商务领域的实际工作经验，因此，商务英语教材编写者们应该着重考虑解决这一实际问题，编写出高质量的"打包式"教材，如包括侧重实践指导的教师用书、学生练习册及其他附属学习材料的教材，以帮助广大商务英语教师弥补商务英语专业知识不足、提高教学效率。

二、地方商务英语专业教材建设的定位

职业导向是地方应用型本科院校教育教学的主要特征，即这些院校的办学以追求实用性，并以培养学生的职业核心竞争力为主要特征。近年来，很多本科院校在应用型本科人才的培养方面逐渐形成了自己的办学特色，积累了一些成功的经验，但有些院校发展定位不准，过分强调加强理论教学而忽略应用型本科院校人才培养的宗旨。因此，部分专业的教材建设也明显跟不上社会经济发展的要求，应用性和市场导向性不突出，不能适应教学改革的要求。商务英语是一门实践性很强的学科，尤其应该在应用型本科院校中开辟自己发展的大舞台，其教材建设应该有如下定位：

以专业要求为本。应用型商务英语教材编写必须以本专业的培养对象、培养目标、业务规格和教学大纲为准绳，充分展现创新思想，突出应用特色。这样，教学内容和学生的实际水平及需求才不会脱节。

以核心竞争力培养为主。应用型本科院校的重要特色是强化人才的职业核心竞争力培养。商务英语专业学生的核心竞争力，包括基本素质、基本能力、专业能力与技能。其中基本素质包括政治素质、文化素质、业务素质、心理素质、职业素质、团队精神、创新精神；基本能力包括语言和文字表达能力、信息采集与处理能力、逻辑思维与判断能力、竞争与组织能力、自学与钻研能力、社会适应能力、创新与创业能力；专业能力与技能包括经营管理能力、营销策划能力、客户沟通和管理能力、英语应用能力。为培养商务英语专业学生的职业核心竞争力，应用型的商务英语教材要根据学生的商务活动实践操作能力这条主线来设计学生的知识、能力及素质结构，构建能力训练模块，加强学生的商务英语综合实践能力与综合技能的培养。

以符合"人情""国情"为重。商务英语系列教材的编写要符合学生的认识和学习规律，把握理论知识和实践操作的科学比例，循序渐进，便于自学。教材内容要符合我国社会经济发展的实情并与时俱进。商务英语专业应与时代发展同步，当前是世界经济和信息技术迅猛发展的时代，商贸领域的技术创新层出不穷，新的经贸词汇源源不断地涌入商务英语的语言和词库中，商务人才出现多层次、多样化需求。应用型本科院校培养的高级商务实用人才，除了扎实的英语语言基本功和本专业常用词汇外，应该牢固掌握并得心应手地运用好随时出现的商务英语新词汇和新知识。

三、地方应用型本科院校加强商务英语教材建设的措施

商务英语教学目标的重点在于培养学习者在商务环境中语言运用的能力及交际的能力。那么其教材建设也应服务于这一目标。结合国内商务英语教材建设中存在的问题和以笔者所在学校为例的地方应用型本科院校的实际情况，笔者提出以下改善商务英语教材建设的措施。

选编结合。自编教材与选用教材二者要"取长补短"。商务英语统编教材的出现为各高校的商务英语教学提供了丰富的且可供选择的教学资源。地方应用型本科院校有其明确的办学宗旨，要分析、研究学校教育教学的实际情况，如地理环境、教育资源、办学规模、办学特色和定位、培养目标等，来确定本校商务英语专业各门课程的教材开发和使用。可通过现状分析调查、教学大纲制订、教材编写、教学实践、修改完善等一系列步骤来加强适应本校实际情况的商务英语教材建设。

校企合作。教材建设对专业建设发挥着至关重要的作用，它从某种意义上决定着一个专业人才培养的质量和这个专业的发展前景。地理环境、教育资源、办学规模、办学特色和定位、培养目标决定了各院校商务英语专业对课程设置和教材的需求各不相同。在课程开发和教材编写过程中应邀请有资历的企业人士参与其中，让他们提供更丰富更实用的国际商务活动中的真实材料，把企业搬进课堂，有助于为学生营造真实的语言环境，促进学生针对真实的商务活动进行真实的交际训练。这种校企合作开发出来的教材更符合自身培

养目标，也可以让在校教师学到更多最新的、实用的专业知识，推动师资队伍建设，提高人才培养的效率。

完善配套。教师用书是教材的一个重要组成部分，应该能保证提高教材使用的质量。因此，与商务英语教材配套的教师用书的开发也应得到同样的重视，它能帮助教师挖掘教材的内在价值，更好地理解和贯彻大纲要求和教材编写者的意图，加深对语言教学的原则和方法的理解，并对如何使用教学材料提供可行的建议，切实提高教学效果。另外，为了帮助学生更好地学习商务英语相关课程，还可以配备相关的学习指导书。

加强监控。教材选用是教材建设的重要任务之一。优秀教材应具有科学性、先进性、新颖性、适用性和实践性。对教材的研究和评价是把握教材质量的重要手段，而考察教材的适用性是选用与否的核心。为了保证适用的优秀教材走进课堂，各院校应加强监控，建立严格的教材选用管理制度，充分调动广大教师的积极性，综合相关教师的研究成果和教学体会，集体评议，集体选择，确保选用教材的质量。

导向一致。教材建设过程中要始终贯彻以就业为导向的办学方针。对于应用型本科院校，更要及时、准确地把握时下企业对商务英语专业人才的具体需求和在校学生与这些需求之间的冲突，以提高商务英语专业教育教学水平为根本宗旨，以顺利就业为根本指导方向，及时调整教学内容，促进教学效率的提高，确保所有学生在毕业时均具有扎实的英语基本功和较强的适应能力，并能在具备基本能力的基础上，还具有一定的操作能力和创新精神，能够熟练地掌握商务常规理论知识和最基本的业务操作技能，具备较强的商务沟通能力和职业综合素质，满足企业对应用型人才的需求。

教材是教学之本，是决定教学质量的关键因素之一。在商务交流日益广泛化和多样化，商务人才出现多层次、多样化需求的背景下，商务英语教学改革正在进一步深化，教材市场也日益繁荣，所有从事商务英语教学和教材编写工作的同人们应积极探索，努力编写出更符合商务英语学科特点、更适应社会和学习者要求的优秀的商务英语教材，为提高商务英语教学质量、促进复合型商务人才培养工作作出应有的贡献。

第五节　商务英语深化创新创业教育

商务英语专业作为与时代紧密结合的应用型专业，应深化创新教育理念。应用型本科商务英语专业的教学及实践存在不足，应探索融入创新创业理念的商务英语专业教学改革新思路，打造应用型商务英语人才，更好地契合新时代对于创新创业型商务英语人才的需求。

一、当前商务英语专业教学改革

课程体系设置创新性不足。目前，多数应用型本科商务英语专业的课程设置虽融合了一定的时代元素，设置了英语语音、综合英语、英语听说、英语口语、英语泛读、商务英语阅读、商务英语谈判、商务英语笔译、商务英语口译、外贸函电、跨文化交际、国际商务导论、商务英语写作等课程，但是未能充分体现创新创业的内涵。即使部分高校将创新创业课程融入商务英语专业总的课程体系之中，但课时数较少，而且多停留在通识性课程范畴内，与商务英语专业课程结合不足，缺乏创新性。

学生英语自主学习实践能力较弱，效果不佳。很多商务英语专业虽然重视学生听力、口语表达能力的培养，课堂上注重专业知识的输入及训练，但是学生课后依然将主要精力投入考级、考证、考研中，商务英语实际操练方面主动性较差，因此英语实际应用能力较弱。签约的实训基地虽然不少，但是学生真正能够前往实训基地接受实训的机会却不多。商务英语专业在校内虽然有自己的专业实验室，但是操作内容多为简单的案例分析，与职场的实际工作差距较大。

学校投入不足，教师实践经历欠缺。商务英语专业虽然设置了自己的专业教研室和专业课教师，但在薪酬待遇及进修培训等方面没有太多的相关政策倾斜，专业教师很难有实践进修的机会。同时，商务英语专业教师多半是学校到学校的学习工作经历，社会实践经历十分匮乏，实践性强的专业课很多专业教师讲起课来自己都感觉十分空洞，缺乏说服力，学生收获也不尽如人意，毕业生的专业素质与实际工作的契合度不高，使毕业生在走向社会后面临"实践恐慌"的问题。

二、融入创新创业教育理念的商务英语专业教学改革

健全创新创业教育课程体系，推进创新创业教育与商务英语专业教学的深度融合。加强应用型本科商务英语专业课程群建设。英语语言基础课和商务英语专业课是商务英语专业课程设置的两个主要方面，凸显了应用型本科院校培养应用型和复合型人才的目标，在打好学生听、说、读、写、译五个方面语言功底的同时，使学生牢固掌握国际贸易实务、国际商务谈判、商务领域及涉及管理、营销、会展等多领域职场的实用技能技巧。因此，前两年应在侧重学生英语语言能力培养的同时，适当增加商务英语知识的渗透；后两年应侧重于其商务英语专业课程及实训课程的学习，着重发展其商务实战能力。

充分优化商务英语专业课程的创新创业教育资源，在传授商务英语专业知识过程中加强创新创业教育。针对商务英语专业学科及用人单位的最新人才培养要求，开设创新创业相关的专业选修课。同时，加速创新创业教育优质课程信息化共享进度，建立商务英语专业校内创新创业网络交流平台，推出一批资源共享的慕课、商务英语专业公开课等在线开放课程。

加强商务英语专业创新创业实践教育。为了切实提升商务英语专业学生创新创业的能力，许多应用型本科院校建立了商务英语专业实验室及大学生创业孵化中心。应该加强商务英语专业实验室建设并向全体在校学生开放，促进高校实验教学平台共享，建设跨学科、跨专业、跨年级的创新创业教育实训平台，为培养学生的创新意识、创新能力和创业能力提供保障。同时，应该充分与地方相结合，充分利用政府、企事业单位建立的大学生创业园、创业孵化基地和小微企业创业基地，使创新创业教育与创业孵化环节紧密衔接。鼓励并指导商务英语专业的学生积极参加全国大学生创新创业大赛，组织举办各类科技创新、创意设计、创业计划等专题竞赛。大力支持商务英语专业学生会成立创新创业协会、创业俱乐部等社团，举办创新创业讲座论坛，开展创新创业实践。利用一切可以利用的社会资源，包括商务英语专业教师个人的社会人脉资源，进一步扩大专业实训基地的建设，与知名大企业、跨国公司及各类小微企业签订长期的实训基地合同，请名企进校园为师生做讲座，请名企、名人及与商务英语相关的各级专业人士进校园担当客座教授，使专业课程设计及人才培养方案与社会需求更好地衔接，以期实现定向培养，提升商务英语专业毕业生就业率及业务素质。

开展商务英语专业创新创业实践课程及活动。学校在保证商务英语专业学生创新创业扶持资金的前提下，可以尝试通过创新创业实践课程活动；鼓励学生参加国内外英文创业设计大赛、英文广告创意大赛等各类商务英语大赛以提高学生的批判思维能力及创新创业能力；同时，学校加强硬件投入，进一步实现互联网及计算机辅助的商务英语专业创业活动，比如仿真商务谈判、跨境电子商务、电子营销等多项创业活动。社会日常商务工作对商务英语专业学生英语语言功底要求很高，因此可以让学生尝试经常练习英语版创业计划书的写作，以创业计划书为蓝图实施监督、对照并适时调整全盘计划，充分锻炼学生的创业实践能力。

改革商务英语专业的教学方法和考核方式。商务英语专业教学应进一步探索高效率的启发式、讨论式、参与式教学，激励专业教师把国际学术发展最前沿、最新研究成果和诸如微课及翻转课堂的全新教学方法实践经验有效地融入课堂教学，以期培养学生的批判性和创造性思维，激发创新创业灵感。互联网加慕课时代，开发并有效利用丰富的网络数据资源，有效掌握学生学习需求及动态，并及时给出有效指导。产学结合，构建全新创新体系。充分发挥学校与企业在人才培养方面的各自优势。课堂以传授知识为主，获取间接实践经验；与企业生产有机结合，获取直接经验，培养学生的创业能力。融入创新创业理念的商务英语专业更应该提倡校企合作的教育思路，与地方机构、国内国外相关企业广泛合作，走校企合作、国际化办学的思路，切实落实创新创业。此外，还可以尝试改革商务英语专业考试考核内容和方式，探索非标准答案考试，重点考查学生运用知识分析、解决问题的能力。例如，很多诸如商务英语阅读、工商导论、跨文化交际等商务英语专业的英语特色课程，传统的考试题型有英文的名词解释、简答题及论述题，可这类题型过于机械古板，无法有效考察学生的批判思维能力，可以尝试多一些与日常商务工作实践息息相关的案例分析及创新创业案例分析等题型，切实将创新创业落到实处。

加强商务英语专业创新创业教育师资队伍建设。应用型本科院校作为适应社会发展潮流应运而生的高等教育体系的组成部分，商务英语专业要求将商务知识与英语知识紧密结合，就需要教师既有一定的商务理论知识和商务实践经验，又具备较高的英语水平。商务英语专业课教师往往教学任务繁重，社会实践经历不足，创新能力不高，研究成果偏少。学校应该增加人力、物力、财力方面的投入，鼓励专业教师多多参与专业前沿的学术会议及研讨会，多多寻求到企业挂职锻炼的机会，学校对于商务英语专业教师进修、研讨、深造应给予更大的政策倾斜。鼓励专职教师参加创新创业教育培训，支持专职教师到行业企业挂职锻炼，支持教师以对外转让、合作转化、作价入股、自主创业等形式将科技成果产业化，并鼓励带领学生创新创业。定期派商务英语专业教师去国内外知名高校商务英语专业进行课堂观摩，完善商务英语专业教师的理论结构框架，提升教学水平。在岗培训轮流制不失为切实提高商务英语专业教师教学及实践业务能力的好办法，培养专业教师终身学习研修培训提升的理念。同时，学校应该提升专业教师的薪酬待遇，有效激励专业教师提升工作热情，最终实现良性循环。

加强学生创业指导服务，营造创新创业氛围。许多应用型本科院校已经建立起服务于学生创业的专门机构，机构专业、人员充沛、经费保证、场地优先，对大学生自主创业实行持续帮扶、全程指导、一站式服务。健全持续化信息服务网络，搭建大学生创新创业教育的校内文化平台，为学生实时提供就业导向信息，大力营造创新创业氛围，定期举办学校的创新创业教育交流周、创新创业教育展示交流会或学术年会、企业家讲坛、主题论坛、创业政策进校园等活动，这一系列举措，都有力地为大学生创新创业营造了良好的氛围和环境。

创业教育与创新型人才培养是新形势下商务英语专业发展的需要。要不断深化教学改革，以创新创业教育在商务英语专业教学实践的创新运用进一步提高商务英语的教学效果，为经济社会发展提供更多复合型商务人才，为贯彻落实好国家创新驱动战略、使大量优秀人才在创新创业的伟大实践中脱颖而出，并作出应有的贡献。

第二章 商务英语的特点研究

第一节 商务英语的特点分析

作为国际贸易交流的重要手段,商务英语正日益显示出其强大的生命力,受到越来越多的企业、院校和师生的重视。本节从商务英语的定义及特点方面进行分析研究,提出改进商务英语教学的建议与措施。

近年来,随着经济全球化的发展和中国对外贸易的深入,商务英语作为国际贸易交流的重要手段,正日益显示出其强大的生命力,受到越来越多的企业、院校和广大师生的重视。什么是商务英语以及它和普通英语有何区别,值得我们深入了解与研究,以便我们更好地改进商务英语教学,从而高质高效地培养出更多符合社会需要的商务英语人才。

一、商务英语

商务英语作为专门用途英语的一个重要分支,学术界对其应属商科专业还是英语专业这一问题曾颇有争议。

20世纪80年代前,人们普遍把在对外贸易中应用的英语统称为外贸英语或对外经贸英语,属于语言学的范畴;至90年代,商务英语被认为是在所有商务环境中应用的英语,与社会科学英语和科学技术英语一起,构成专门用途英语的三个分支,这时的商务英语要求应用于特定的领域,并具有该领域相关的专门化内容,这一概念使人们开始注意到商务英语与普通英语之间的差别以及商务英语的特点;到21世纪初,商务英语被认为是在外国语言学和应用语言学指导下,研究英语在国际商务中的应用,它是语言学与管理学、经济学交叉学习应用的一种学科,这一概念不再把商务英语局限于学生对英语知识的掌握,而更加注重商务知识的提高。

目前学术界普遍认为,商务英语应属于应用语言学的范畴,即商务英语是以语言学与应用语言学理论为基础、涉及多门类的交叉性学科,是英语的一种重要功能变体,也是专门用途英语的一个重要分支。

随着经济发展的全球化,各个领域对外交流与合作的日趋频繁,商务英语已被时代赋予了新的内涵,不仅指我国对外贸易业务英语,而且涵盖在对外交往活动的各领域中人们所应用的英语。商务英语主要由三个要素组成：商务背景知识、商务背景中使用的语言和商务交际技能。

商务交际技能指从事商务交际活动所必需的技能，既有语言方面的，也有非语言方面的。不同领域学习者工作性质及专业化程度决定着商务背景知识的内容。而商务背景的内容决定着该情景中需要运用的交际技能以及语言技能。

商务背景中使用的语言涉及词汇、句型、篇章及语音、语调等方面的能力，具体情景中使用的语言是由其商务背景的内容和交际技能决定的；商务内容决定专业词汇的选择，交际技能则决定句型的选择、篇章结构、文体风格、语调、节奏的变化等。

二、商务英语的特点

语言本身即是一种沟通交流的工具，人们使用语言就是为了达到交流、传递信息等目的。学习它的最终目的就是更好地使用它。与普通英语相比，商务英语的特点体现在它的目的性、专业性和交际能力等方面。

（一）目的性强

商务英语是用来评估公司、工作和个人，确定工作需要的语言水平，而普通英语则是用来评价学习者的语言需求。学习商务英语的目的是在商务活动中更好地运用它来为我们服务，目的性强是商务英语的显著特点之一。

在商务会议、打电话和讨论等情境中，语言的应用是为了达到某种目的，语言应用是否成功要看交易或事件是否得到好的结果。人们使用商务英语，其目的主要是在工作中获得更大的成绩。

商务英语的专业性还体现在教材方面。普通英语各个等级的教材均是现成的，教师无须编写教材。无论是针对英语专业还是非英语专业的英语教材，国家级、省级以及各个地方的出版社都有大量优秀教材投入市场，供广大师生选择。这些教材从教学手段、教学方法、课堂设计、趣味性等各个方面都丰富多彩，各有千秋。而商务英语教材的选择性则要匮乏得多。近年来，各研究机构和出版社虽然也出版或从国外引进了不少专业教材，但其质量、数量、信度和效度等与普通英语教材相比，有很大的差距。而且因为商务英语不同领域的专业差异，有些教材很可能无法满足个人或集体的特殊需要，因此有必要为特殊课程和专业编写专门教材。

在教学方面，商务英语设置的课程具有确定的目标和大纲，旨在履行交际任务或运用交际技能；而普通英语则以通过考试为目的。

为了体现商务英语的目的性，首先要明确，商务英语往往是客观的，而不是主观的、个人的。例如，在讨论或在会议中，运用客观的观点来评价事实远比表达个人感情和观点更恰如其分；其次，传达信息时要简单明了，正确无误，尽量减少误解，某些熟悉的概念可以用术语来表示，以避免累赘；再次，英语表达要简洁清楚，特别是在发传真或打电话等商务环境中；最后，要有清晰的思路、很强的逻辑性，可以运用逻辑性的词语，如 as a result，for this reason，in order to 等。

（二）专业性强

商务英语属于特殊用途英语 (English for Specific Purposes) 的一种，其范围很难界定，因为它包括不同种英语，其中有些很具体，而有些则很一般。

根据对商务知识的要求，商务英语可分为普通商务英语 (Ordinary Business English) 和专门商务英语 (Specialized Business English)。普通商务英语只是一般的涉及商务活动的内容，与普通英语具备相同的语言特色；而专门商务英语包括商务活动中所使用的文件、法律、法规和惯例，专业理论、业务规范、专门术语等，无论在语言形式上还是在语言标准上都有别于普通英语。其内容除语言文学外，还涉及文化、经济、管理、贸易、法律等诸多学科。因此，商务英语具有较强的专业性。专业知识的掌握程度在很大程度上决定了商务英语的表现能力。

商务英语既包含普通英语的内容，又包含商务知识的特定内容。与普通英语相同的是，掌握商务英语，必须具备听、说、读、写、译的基本能力。不同的是，商务英语还涉及相当广泛的专业词汇和知识，如贸易知识、金融知识、财务知识、会计知识、法律知识、管理知识等。概括地说，商务英语包含丰富的专业知识。这也是为什么西方外语教学界把商务英语教学确定为特殊用途英语 (ESP) 的一个领域的原因。

商务英语在大学有固定的考试（口试和笔试），而在公司，商务英语培训通常没有考试，非正式的评估通常注重交际是否成功，即考生是否能在特定的场合准确并恰当地表达思想。普通英语的正式考试通常是笔试，教师根据语法准确、词汇量和用词恰当的标准打分。

（三）交际能力要求高

商务英语从业人员往往需要与从未谋面或不熟悉的人交往，为了能与来自不同文化背景、说不同母语的人很快彼此融洽，他们必须了解国际交往惯例、接触各地文化习俗，学习社交礼仪等。社交常常是礼仪性的，在交往惯例的情景中使用公式化的语言，如问候、介绍等。普遍采用的交往方式为彬彬有礼，社会交往的方式和内容都体现出建立良好关系的愿望。

商务英语领域看重的并不是死记硬背，而是接受能力、应用能力和交际能力。商务英语人才应该注重社会交际能力和语言实际运用能力的培养。商务英语人才不仅要听得懂、说得出，而且能在商务活动中"招之即来，来之能战"。与普通英语通过各类考试来衡量学生英语水平不同，交际是否成功，即是否能在特定的场合准确并恰当地表达思想，是公司和社会用来评估学生商务英语水平的主要标尺。

三、教学启示

商务英语作为国际贸易交流的重要手段，正日益显示出其强大的生命力，受到越来多的企业、院校和广大师生的重视。目前,国内开设商务英语专业课程的院校已有400多所。商务英语的教学法很多与普通英语相同,特别是句型、词汇和社交英语的教学。角色扮演在两种英语教学中均很普遍,但它们的情景和语言有很大的不同。商务英语也借鉴管理培训的一些做法,如解决问题、决策、团队建设等。普通英语教学具有更广泛的技巧,很多课堂活动的设计旨在使学习更有趣、更丰富多彩,以便使学生保持学习兴趣和动机。

对比商务英语和普通英语的概念和特点,我们既要看到商务英语作为一种语言与普通英语的共性,又要看到商务英语自身独特的特点,在教学原则、教学方法和教学实践等方面加以区分,充分展示商务英语的特色。

(一)增加教学内容的趣味性

兴趣是最好的老师。商务英语作为一门交叉性学科,涉及专业广,我们可以抓住其在专业性方面与普通英语的区别,选择实用有趣的教学内容,与时俱进,把最新的现代管理、经济、金融、法律方面的知识传授给学生。例如,自中国加入WTO之后,我国外贸政策、金融改革方面的内容都要求学生及时了解和掌握。在教学活动的任务设计中我们可以补充一些与教材相关的语言点,如新的词汇、表达法以及相应的文化知识,以激发学生的学习兴趣。比如在介绍商务会谈时,我们可以介绍不同国家的风俗习惯、电话用语、商务礼仪等。我们应当有意识地介绍不同国家和地区的历史文化、民情风俗、烹饪特色等,帮助学生开阔视野,扩大知识面,加深对世界的了解,培养他们对异国文化的敏感性。

(二)突出商务英语的交际性

语言的交际性是商务英语的一个重要特点,在教学中我们要突出商务英语的交际功能。任务型教学法可以更好地实现商务英语的交际作用。任务型教学法是指在教学过程中教师给予学习者一定的学习任务,完成某一交际的目标,如询价、投诉等。学习者以任务为中心,尽力调动各种语言的和非语言的资源进行交流,来完成这一任务。在此过程中,学习者始终处于一种积极主动的心理状态,学习者自然地运用语言,教师与学习者之间、任务的参与者之间的交际过程既是互动的过程,也是相互学习的过程。这一过程营造了一个有利于学习者语言习得和内化的支持环境。与传统的英语教育法如语法翻译法、听说法相比,任务型教学法促成了师生角色的转换:教师由主讲变成主导,学生由被动的学习者转化为主动的参与者。

(三)运用先进教学设备

在这个信息化的时代,多媒体技术尤其是现代网络技术,被广泛应用于各个领域,教学领域也是如此。将投影仪、幻灯机、DVD、计算机、互联网等现代化多媒体手段运用于商务英语教学之中,能生动形象地呈现商务英语的情景,增加课堂的趣味性,从而增强教学效果,提高教学质量。以网络技术为平台,让学生通过网上学习、练习、答疑、讨论来巩固学生在课堂上所学的知识。同时互联网上的虚拟世界能为教学提供一个完全真实的学习环境,学生可不受时空的局限得到全方位地接触外语语言与文化的机会。

（四）采用互动式情景教学

商务英语的课堂应是互动式的课堂，我们可以采用互动式情景教学的方法，模拟商务英语的情景，进行句型、对话等的操练。比如在讲到 explaining and presenting（解释与展示）这一内容时，我们可以模仿在英语背景下交易的买卖双方，卖方向买方描述产品特征、用途、优点及产品的卖点 (USP:Unique Selling Proposition)。教师可以要求以分组或结对的方式，自主选择展示的商品，甚至可以把实物带到模拟现场。学习者分别扮演买卖双方等角色进行商务会话。根据学习者的基础，教师可以选择在练习前或练习后提供常用词汇和句型等，辅助学习者完成交流的任务。

（五）引进国外优秀原版教材

教材是实现教学目标的保证。商务英语在我国的发展虽然还处于初步阶段，但在英美等国已经发展成为一门十分成熟的学科，有很多比较完善的教材可供选择。因此，建议引进国外优秀原版教材，这样学生既学习了英语，又获取了专业信息。

只有在教学中注重商务英语自身的特点，充分发挥其自身优势，才能培养出合格的、适应 21 世纪社会需求的创新型国际型复合型商务英语应用型人才。

第二节 商务英语的语言特点

作为一门国际性的语言，商务英语在国际商贸活动中起着重要作用。本节分析了商务英语自身的语言特点，并对翻译技巧进行深入分析，以期为商务活动的顺利进行打下良好的基础。

商务英语是英语体系的一个重要分支，专门应用于商务活动中，其集目的性、专业性和实用性于一体。商务英语不仅展现了其独特的艺术美，更加注重逻辑性和结构性，格式简单明了，很少采用夸张的修饰成分，其目的在于提升效率。下面本节就对本书主题进行深入说明。

一、商务英语的语言特点分析

（一）词汇量大

和一般英语相比，商务英语词汇量大且杂，而且注重专业性。其中，商务英语中的专业术语在不同的场合和情境中有着不同的含义，这就需要译者结合自身的工作实践和当时的语境对商务英语词汇进行准确的定义。此外，新词汇的融入也是商务英语的一大特征，以此来跟上快速发展的经济。比如 double dip（经济二次探底），hard landing（经济硬着陆）等。

（二）句子长且难

商务英语句子大都以长句出现，并且包含多个定语和多层含义，这就加大了翻译的难度。不仅如此，商务英语的语言特点大都是被动形式，以表现句子的紧密性。比如 By adopting flexible macroeconomic and financial policies, China has made her contributions to the sustainable development of the Asian economy, and to the economic integration of the Asian community. 这便是长句的代表。

（三）商务英语语言文本的表现特征

第一，商务英语文本表达的实践具有针对性和准确性。第二，商务英语语句中避免采用修辞，这从侧面上深刻体现了商务英语的严谨性。虽然商务英语严禁情感色彩，但会采用敬语，比如 I would like to hold a meeting in the afternoon about our development planning for the project A. 今天下午我建议我们就 A 项目的发展计划开会讨论一下。I want to talk to you over the phone regarding issues about report development and the ××× project. 我想跟你电话讨论下报告进展和×××项目的情况，以表现出贸易双方的素养和合作的意向。第三，专业性强的短语是商务英语文本中经常出现的，将其用作从句来展现商务双方的协议和合同的注意事项。

二、商务英语翻译中存在的问题分析

一词多义和翻译人员专业知识匮乏，导致商务翻译问题不断出现，同时不同文化、不同风俗等也是阻碍商务英语翻译顺利进行的一个重要因素。

（一）一词多义导致的错误

一个单词有多种意思的情况非常多，而且普通英语在商务英语中也有着独特的含义。有时因为翻译工作者没能深入了解商务词汇的具体含义，导致翻译错误的不断出现。比如"maturity"在日常应用中翻译为"果实"，而在商务英语中则翻译为"到期"。"principal"在日常应用中为"负责人"的意思，在商务英语中则被翻译为"资本"，有时也会被翻译为"本金"。商务翻译工作者如若不能全方位地了解具体单词的含义，则很容易出现致命的错误。此外，商务英语的单复数其含义也存在本质的区别，比如 stock 单数形式为库存，stocks 则是库存量的意思。虽然都是一些小的区分和差别，但如若不注意严重者会阻碍商务活动的顺利进行。

（二）专业知识欠缺导致的翻译错误

商务英语设计的范围非常广，如广告、金融、物流、法律，等等。在翻译过程中，翻译者如若不能掌握专业知识则会直接导致错误的出现。因为翻译准确、清晰能够给商务贸易双方提供正确的理解。如若对专业知识了解得不够透彻，则会影响翻译的质量和效率。这就要求翻译工作人员，必须强化自身的业务能力，夯实基础，确保翻译的顺利完成。

（三）文化背景差异导致的翻译错误

文化背景也是导致翻译失误的一个重要因素。在开展商务活动贸易的时候，必须立足于本民族文化进行交流和交际，而这些全部会体现在商务英语翻译上。比如"Comforter"在美国被翻译为棉被，而在英国则是"奶嘴"的意思。同一个单词，在不同国家、不同民族也有不同的含义，所以在翻译中很容易出现这种错误的理解。也就是说，你了解的和对方完全不同，这些都是导致翻译出错的原因。

三、商务英语翻译技巧探讨

（一）夯实商务专业知识

从事商务英语翻译这门工作，就要清晰、准确地把握商贸双方的语言表达情况，并对其深入分析，以保证翻译的准确性。此外，译者除了必备的专业知识以外，还要深化自身的理解，增加自身的知识储备量。比如译者掌握了商务英语语言的特点之后，可以根据具体的情境进行有效的转换，并从脑海中提取与之匹配的词汇进行表达，以保证商务贸易活动的顺利进行。

（二）立足具体语境，针对性分析问题

由于合作的特殊性，不同形式的合作会选择合适的地方开展。比如有的倾向于茶馆，有的则会选择高尔夫球场这一开放性场合，这就要求译者根据场合对问题进行深入分析，以达成双方的满意，准确地完成商务翻译工作。此外，翻译人员要根据翻译目标人员的特点，采取多种形式的语言特点，去向双方传达重点内容，以保证翻译工作高质、高效地完成。比如 Order balance payment will be settled on the 18th of this month. 这句话如若出现在正式的商务活动现场，翻译人员需要给出具体明确的回复：订单尾款将会在本月的 18 日结清；而如若出现在环境优雅、氛围良好的茶馆，翻译者可以采用委婉的语气完成，以实现合作的效果。

（三）坚持交际运用的原则

商务英语以应用为主，所以翻译工作者要坚持不同民族、不同文化的属性特征，身为一名翻译者，必须掌握翻译交流和应用的基本原则，这是对贸易双方的充分尊重。比如贸易一方呈现了一篇文章的提案，译者必须深入提案要求，深入其提案背后的文化背景和意图，并将其融合到自己的翻译中，以将原文准确无误地呈现给目标读者。如若提案中出现情态动词，工作人员要坚持一致性的基本原则，根据文本的上下文进行翻译：I hope this cooperation can be successfully completed with the efforts of both sides(希望在双方的努力下能够顺利地完成这次合作). 在翻译的过程中，工作人员要平衡双方的态度，对情态动词进行强调，以提高翻译的准确性和严谨性。

（四）提高译者的跨文化能力

商务英语是一门世界性的语言，各国的商贸活动又必须立足译者的准确翻译，如此才能保证商务贸易活动的顺利进行。虽然专业性、规范性是商务英语最基本的特征，但翻译者要结合具体的情况进行分析，适当地融入礼仪等情感色彩。不同国家和民族在长期的历史发展中，形成独特的礼仪规范，为此翻译工作者必须深入了解其礼仪特点，以保证翻译的顺利进行。以中国为例，在翻译中要充分体现尊重，要求翻译工作者在语言翻译中采用委婉的形式进行开场，以保证合作的顺利开展。此外，在实际翻译中，除了要深入了解不同国家的文化之外，还要注重其文化背后的深层含义，比如"bin"美国意为储物箱，而在英式英语中则是垃圾桶的意思。可见不同文化下的国家其表达的含义也有所区别。所以在实际翻译中，译者必须加强注意，以促使翻译工作的顺利开展。

商务英语作为一种用于商务贸易活动中的语言，有其独有的特征。在实际翻译中，翻译工作人员必须遵循商务英语的翻译特点，以此来提升翻译质量。商务英语是特定情境中带有专业性、规范性的语言交流媒介。所以研究商务英语的语言特点对促进商务活动的顺利交流有着积极的推动作用。不仅如此，商务英语在不同文化下的翻译也有所差别，需要译者结合实际情况进行准确的翻译，以促进合作的顺利完成。同时，在实际翻译中，工作人员要掌握其翻译的基本原则，防止出现阻碍商务活动的错误。

第三节　商务英语的口译特点

在我国对外贸易的发展下，对高素质商务英语口译人才的需求量越来越大，商务英语口译对译者综合素质的要求较高，不仅要具备扎实的理论知识，还要具备良好的跨文化交际能力。本节基于此，针对商务英语的口译特点进行分析，并针对商务英语口译错误的规避方式作出阐述。

在经济的迅速发展下，越来越多的外资企业进入我国，我国与其他国家的交流、交往也变得日趋频繁，对翻译人才的需求量也逐年递增，商务英语旨在为社会培育应用型人才，具有很强的目的性。商务英语的应用领域集中在对外商务，特别是跨国商务，口译者不仅要精通理论知识，还要掌握全面的商务知识，能够灵活应对口译任务。

一、商务英语口译的发展背景

商务英语源自西方国家，关于商务英语口译的发展，包括如下几个阶段：

第一阶段：商务英语口译的起源可以追溯至 20 世纪 50～60 年代，代表者有 Herbert、Rozen，这是商务英语口译发展的初级阶段，研究的重点是口译的环境和工作经验，包括口译难点、口译对翻译者的要求、口译过程中的过度疲劳问题等。

第二阶段：20世纪60~70年代，商务英语口译的发展进入迅速发展时期，有大量心理语言学家和心理学家针对这一问题进行了深入研究，其研究的重点集中在商务英语口译的目的语、源出语、噪声、语速等内容上。

第三阶段：20世纪70~80年代是商务英语口译发展的第三阶段，在这一时期，释意派理论诞生，该种理论更加关注"意译"，要让商务英语口语的翻译做到传神，不能逐词逐句地进行翻译，而是要从全局着手，这为后续的商务英语口译提供了理论指导与借鉴。

第四阶段：从20世纪80年代开始，商务英语口译研究进入第四阶段。其中，最具代表性的是Daniel Gile，他提出了跨学科实证研究方式，他认为，对于商务英语口译问题的研究，需要将其结合社会学、语言学、认知心理学等内容来开展实证研究，并提出"三阶段模式""交际模式"，这一研究更加注重口译的实践性与应用性，是对传统理论研究的重要补充。

二、商务英语口译的特点

商务英语口译是一种复杂的交流过程，商务英语本身集合了英语、商务知识的内容，对口译人才的综合能力提出了更高要求，商务英语口译的特点表现在几个方面：

（一）语言上的特点

在语言上，商务英语词汇具有明确性、简洁性特征，译者能够很直观地知晓词汇的含义。商务英语是普通英语的延伸，译者首先得有坚实的语言基础，否则无法开展任何的涉外商务活动。同时，商务英语中会大量应用缩略语，如FOB、W/B分别是离岸价、世界银行，要翻译出来，口译者必须要对各类词汇的缩略语了然于胸，根据内容和资料给出最准确的翻译，避免发生错译、漏译问题。除此之外，在商务英语中，也经常可以看到一词多义的情况，且多数商务英语单词都有这种情况，在翻译时，需要结合前后语言作出综合判断，分析词汇在不同语境下的具体含义，方可做到精准翻译。

（二）非语言上的特点

在商务英语领域中跨文化交际能力的培养和文化差异问题受到越来越多的重视，商务英语口译往往是不可捉摸的，具有不可预测性。一般情况下，商务英语口译是在商务谈判时进行，谈判内容也是不可预知的，会随着谈判者的意愿发生变化。在谈判时，必须做到明确，避免出现含糊不清的问题；否则，不仅会影响谈判活动的顺利进行，还会引发矛盾。

同时，商务英语翻译需要全程互动，商务贸易的目标是保证双方达成贸易关系，确保贸易的顺利进行，因此，在翻译时，译者不仅要传达出表达者的字面意思，还要做好互动，促进双方顺利交流，译者不仅要具备扎实的英语能力，掌握商务知识，还要了解贸易双方国家的文化背景、公司文化等，通过互动来促进双方贸易的顺利达成。

此外，商务英语还具有时效性、口语性的特征。从实效性角度而言，商务英语口语对于翻译时间有严格要求，译者必须要在短时间内精准传递表达者的思想和情感，这就要求译者具有很好的口语表达和应对能力，可以灵活应对各种场面。在具体的翻译活动中，还有大量的口语内容，这些口语往往不是固定的，译者除了要掌握基本语言知识外，还要学会灵活使用诗句、习语等，从而精准传递出表达者的意见，让翻译内容更加贴切、准确。

三、商务英语口译错误的规避方式

为了减少商务英语口译中的错误，需要尽可能减少直译，作为译者，要对各地的文化典故、风俗习惯等有全面了解，综合各类元素来进行翻译，准确传达意思。同时，要加强学习，提高自身的语用能力，口译是沟通商务活动双方的重要桥梁，译者在平时的学习中，除了关注理论知识之外，还要深入研究外方国家的生活习惯、文化背景等，尽可能地减少跨文化冲突。除此之外，在商务英语口译中，有很多缩略语、专业术语，翻译者要加强积累，主动涉猎相关的内容。

进入知识经济时代后，我国积极参与国际竞争，商务英语活动也更加频繁，商务英语口译是在经济贸易发展和经济全球一体化背景下诞生的一门热门行业，对译者综合能力要求较高。作为学习者，需要注重商务英语基础知识的学习，并将口译实践、口译技巧等内容相结合，锻炼自身的口译基本能力和会话能力，掌握相关词汇、句型、跨文化交际内容，不断提高团队合作能力、沟通能力和表达能力，以更好地适应商务英语口译的需求。

第四节　商务英语信函语言特点

简洁高效的商务沟通是顺利进行商务交往的关键。书信往来是开展对外贸易业务中使用最广泛的通信联系方法。如何草拟一篇好的商务英语信函一直以来都是对外商务工作者十分关心的问题。本节从词汇、句子和语篇入手，深入探讨商务英语信函的语言特点。本节对提高学生商务写作能力有着重要的意义。

随着经济全球化的深入发展以及国际经济贸易合作的增加，跨境商业活动日趋频繁。商务信函在整个商务活动过程中发挥着桥梁和纽带的作用，贯穿从确立业务关系、签订合约、执行合约到解决争端的各个环节。一封好的商务信函不仅有助于建立和保持良好的业务关系，更能够通过有效的沟通避免缔约双方产生不必要的误解与纠纷。

一、商务英语信函的作用及其重要意义

近年来，经济的迅速发展使中国成为全球商务活动中的一个至关重要的经济体。越来越多的中国企业直接或间接地与国外企业建立联系。有的企业通过信函与国外合作方进行商品买卖贸易，有的则通过信函向其合作伙伴表示问候或维持良好的业务关系。毫无疑问，作为工具与桥梁的商务信函在其中发挥着不可或缺的作用。商业活动是否成功很大程度上

取决于缔约各方能否进行有效的沟通。一封好的商务信函应当以简洁的语言传达准确的信息，精确地描述事实，进行有效的沟通并维持良好的业务关系。因此，了解其语言特点并写出一封好的商务英语信函对国际商业活动至关重要。

世界上每天收发的商务信函不计其数，它们已经成为日常商务沟通的"生命线"。然而，只有那些内容合理并且表达准确的才能够算作成功的商务信函。文化背景、语言习惯以及表达方式等因素的不同使商务英语信函有别于中文的商务信函。因此，为了能够成功地起草一封好的商务信函，我们十分有必要了解并掌握商务英语信函的语言特点。

二、商务英语信函的语言特点

词汇特点。商务信函对准确性有很高的要求，应尽量避免产生误解。因此，一封好的商务信函中的用词应当准确明了，不应选用语义模糊和笼统的词汇。商务英语信函的词汇特点主要包括以下几点：

第一，专业术语。由于商务信函写作的目的是实现特定的商业目标，属于专业信函的范畴，因此要求其用词符合特定商业领域的术语要求。有些常见的单词在商务信函中可能有着不同的含义，如"draft"一词常用的语义为"草稿、起草"，而在英语商务信函中，该词通常作为对外贸易中的"汇票"出现；"inquiry"一词常用的语义为"询问"，而在国际贸易中，该词的专业用法为"询盘"。此外，商务英语信函中的专业术语还体现在专有名词的缩写上。

第二，古词语。使用古词语是商务英语信函的一大特点。和法律文件一样，商务信函通常使用的也是"庄重文体"，这就意味着商务信函使用的都是十分正式的词语。英语语言历史悠久，在古代，宫廷贵族使用既正式又庄重的英语文体和用词以显示对君主的尊重。由于这类文体能够最大限度地减少信息的误解，所以后来常用于签订合约。我们将同一语义下正式和非正式用词进行对比，"Formal"对应的是商务英语信函中常用的词语。

第三，准确的词语和表达式。与其他信函一样，商务英语信函的首要功能是传递信息，但是其对用词的准确性要求更高。商务英语信函涉及大量数字。由于经常涉及货物的买卖，商务信函中通常有大量的数字来描述货物的数量和价钱。

第四，不使用修辞手法。一般来说，商务英语信函几乎不使用修饰性词语来增加文章的可读性。大多数情况下，商务信函的目的是确立业务关系、咨询或回答相关问题，侧重的是内容的准确性和清晰性，因此没有必要使用太多修饰性词语为商务信函添加华丽的辞藻。太多修饰性词语有可能产生歧义误导读者，进而影响他们的决策。

句法特点。词语构成句子，句子组成语篇，我们就是这样实现沟通的。句子是构成语篇的一个基本单位，商务英语信函中句子的写作应遵循特定的规则。

第一，商务英语信函中多使用简单句。所谓简单句，是指只含有一套主谓结构并且句子各成分都是由单词或短语构成的句子。专业的商务信函通常使用句式并不复杂的简单句，以便于读者理解。长而复杂的句子容易造成误解，读者无法一眼就获得他们想要的信息，既浪费时间，又增加难度，并不符合简单高效的原则。

第二，商务英语信函中经常使用祈使句。祈使句是要求对方做或不做某事的句子。这一句式主要有两个功能：一是请求，二是提醒。使用祈使句能够简单明了地表达出作者所要传达的意思，使读者一目了然。

第三，使用虚拟语气和委婉语气。商务信函中的用语应当尽可能显得礼貌，表示写作者对对方的尊重，给对方留下好的印象，进而建立良好的业务关系。除了行文完整、清晰和准确之外，商务英语信函还应适当使用委婉的语气传达一种轻松且友好的意愿。为了实现这一目标，商务信函的写作者通常会使用虚拟语气和委婉语气。

语篇特点。商务英语信函是来自不同语言文化背景的人进行沟通和建立业务关系的媒介。在特定的商业环境下，商务信函有其独特的风格。在语言学中，语篇指构成一个整体的任意长度的口头或书面篇章。本节中提到的"语篇"是指整篇商务信函，包括单词和句子。商务英语信函语篇主要具有以下特点：

第一，寒暄。"寒暄是作者在文章开始的礼貌问候，作用和打电话或在社交场合遇到某人时说'您好'相同。由于寒暄能够为商务沟通提供一个友好的开端，因此所有商务信函都在开头处进行寒暄。"寒暄是作者对对方发出的问候，我们从寒暄中就能够看出二者之间关系的亲密程度。在一般信函中，作者用对方的姓名或二者之间的关系进行寒暄与问候。例如，在给朋友或某个特定人员的信中，我们通常使用"Dear Anne""Dear Mr.Smiths"这样的名字进行问候。在其他情况下，如在给亲戚朋友的信中，我们则会使用"亲爱的兄弟""亲爱的妈妈"这样表示二者之间关系的词语进行寒暄。这都是一般信函中常见的寒暄方式。然而，商务英语信函中的寒暄与问候有其自身的特点。

随着通信方式的迅速发展，如今人们已经无须跋山涉水到同一地点就能够进行交易。在商务活动中，一方有可能对对方的个人情况并不十分了解，如对方的年龄与性别。因此，商务英语信函中的寒暄与问候通常是"模糊"的。

商务英语信函常用的寒暄是"Dear Sirs/Madams"（敬启者）。有些情况下，发信人并不清楚对方的姓名或性别，这种问候方式既正式又表现出对对方的尊敬，不会让对方感觉不舒服。如果发信人确切地知道对方的姓名和性别，发信人则会直接使用"Dear Mr/Ms.×××"称呼对方，这种寒暄方式既正式，又能拉近双方之间的关系。

第二，正文段落清晰，内容简洁。商务英语信函的正文通常分为几段，每段内容清晰明了，使读者能够一目了然地了解作者要传达的信息。正文第一段通常是寒暄与问候，以及简要说明本信函的主要内容。接下来的段落是整个信函的核心部分，具体描述双方需要沟通的细节。最后一段通常会简单强调一下信函的重点信息。在商务英语信函中，一般每一段单独表达一个信息，也就是说作者要表达的不同信息都要独立成段，这样能够有效地避免混淆读者。

第三，结束语。在商务英语信函的结束部分，作者通常会明确表示希望对方在收信后做些什么。大多数情况下，如果希望对方回信，发信人通常会在信函结束部分使用"Looking forward to your early reply"或"I hope to hear from you soon"（希望早日收到您的回复）。与其他普通信函一样，商务英语信函的作者也会使用"Best regards""Yours respectfully""Respect fully yours"等委婉的祝福语来表达对对方的尊敬与美好祝愿。

作为商务沟通的主要媒介，商务英语信函对整个商业活动的成败起着至关重要的作用。掌握商务英语信函的行文风格并了解其语言特点是起草一篇好的商务英语信函的基础。希望本节能够为商务英语信函起草者提供思路与借鉴，帮助他们起草出简洁高效的信函，进而为商业活动提供便利。

第五节　商务英语缩略语特点

在商务往来中，为了顺应"语言的经济原则"（A.Martinet），提高表达效率，人们常常将一些字符较长、结构较复杂的常用词语进行缩减，形成"商务缩略语"。缩略语在商务交往中有表达礼貌、提供恰到好处的信息等语用功能。与此同时，商务英语缩略语种类繁多，构成多样，本节基于词汇化理论，从认知角度对商务英语缩略语的结构特点及应用进行探讨并总结。

英语不仅是各国人民交流的媒介，也是国际金融业务的工具。商务英语缩略语指的是按照不同的构词方法，将较为烦琐的名称或定义从结构上进行简化、重组后的一种语言表达模式。本节采用的词汇化理论本质的考察应立足于语言的演变，结合共识和历史语言事实，兼顾过程与结果，充分考虑各类形式—意义组合方式。基于此，本节围绕商务往来中的英语缩略与成因、特点和结构，对其进行探究和论述。

一、起源

与其他任何一种语言一样，缩略语的出现都是为了将复杂的内容简单化。在古代，商务英语中的缩略语多出现在徽章或钱币上，因为这些载体太过细小，如要用其表达较为复杂的商务交际内容，则只能采取在载体上刻写缩略词的方式。现今时代国际商贸竞争激烈，伴随着科技的发展，电报和电子邮件等通信设施的出现，国际贸易也得以飞速发展。商务英语缩略语也越来越频繁地出现在人们眼前，常见的如WTO（世界贸易组织）、CEO（首席执行官）、CV（简历）等。

商务英语缩略语在外贸电函等交流往来中扮演了十分重要的角色，远隔重洋的交易双方在电话沟通、电函往来中，均需要用简明扼要的方式清晰表达思路、达成共识，在国际交流中节约时间、节约费用获得共赢。语言学家提出的"语言的经济性"准则也正是此意。商务语境中被创造出来的缩略语种类繁多，且具有多种简化方式，如Kg(kilogram)千克；

A/B(Air Bill) 空运提单；BPC(Book Prices Current) 现行账面价值；NT WK(Network) 网络；ASAP(As soon as possible) 尽快；WKS(weeks) 周，星期。

不难看出，商务英语缩略词多为新词，出现的时间并不长，是时代发展、各种潮流聚集的产物。

二、缩略词的构成及特点

商务英语缩略语的构词法多且结构情况比较复杂，概括起来主要分为以下几类。

使用单词或词组中词语(实词为主)的首写字母组合成缩略语，这是最为常见的一种缩写方法，这种写法多用大写字母，一些组织、单位名称、说明书或电函涉及的交易专有术语常用此缩略语，直接按字母发音读出即可。例如，ADB(Asian Development Bank) 亚洲开发银行；WTO(World Trade Organization) 世界贸易组织；NIC(National Information Centre) 国家信息中心；IMF(International Monetary Fund) 国际货币基金组织；EMP(European Main Port) 欧洲主要港口；BE，B.E.(Bill of Ex change) 汇票、交换券、国外汇票；FOA(Free on Aircraft) 飞机上交货价。

利用近音或同音字母构成缩略语。这种缩略法按照拼音或者字母读音进行缩略，常常用于单音词或一些双音节词转为同音字母时的缩略。常见的如 BIZ(business) 商业，业务，生意；OZ(ounce) 盎司；Hz(Hertz) 赫兹。

围绕辅音为中心进行缩略(若相同的辅音字母并列，则只用一个)。以辅音为核心的缩略有很多种，比如用所有辅音字母构成缩写词、用词首元音字母与后方辅音相结合、不同音节和不同音节的辅音字母相结合、首尾辅音结合缩略等。此缩略法没有硬性大小写要求，也可根据发音拼写，如 RCVD(received) 收到；INFM(inform) 通知，向……报告；ACDNT(accident) 事故，意外事故；PCS(pieces) 匹，件，块，片，张，部分；PREM(premium) 保险费；LDG(Loading) 装卸货；LC(Letter of credit) 信用证；MANUF(manufacture) 制造；SHIPMT(shipment) 装运，装船；BK(bank) 银行；FM(firm) 商行，公司；CONSGNT(consignment) 发货。

利用单词或短语的第一音节和第二音节构成缩略词。这种组成缩略词的方式平时运用不多。如 CONDI(condition) 条款，条件；EMO(memorandum) 备忘录等。

截取原有词语的一部分作为缩略语，该方式可以分为以下几种情况。

截取单词前半部分进行缩略：hon(honour) 承付；gas(gasoline) 汽油；Fin.stadg.(financial standing) 资信状况；Fin.stat.(financial statement) 财务报表；H.in.D.C.(Holder in due course) 正当持票人。

截去自然词的首部或是尾部进行缩略：imp(import) 进口。

截去自然词的中间部分，只留下两头：wt(weight) 重量。

只留第一个词首部和第二个词尾部：Escalator(Escalading elevator) 自动扶梯商标。

前后几个单词中各取不止一个字母。这类缩略词看上去毫无规律可循，相对来说格式较为不整齐，如 Chpd(Charges paid) 费用已付。

实虚词与"/"相结合。该方法采用将复合词中的实词词首结合，虚词用"/"替代，如 L/M(list of material) 材料清单，A/P(advise and pay) 付款通知。

符号。用符号表示的缩略形式也被频繁使用，主要是表示货币。如 S.＄（Singapore Dollar）新加坡元；IR £（Ireland Pound）爱尔兰镑。

商务英语缩略语与普通英语缩略语的构成规律相似，从保留的可行性程度而言，大多数情况下，其结构都属于首字母缩略语 (Acronym) 和缩写 (Initialism)、截短词 (clipping)、拼缀词 (Blending) 四大缩略范畴。此外，还有些缩略形式，比如国家货币等会以符号形式表示。在英语中，还有许多缩略语是借用的外来语，其中多数来自德语、拉丁语、西班牙语等。商务英语词组和短语缩略语的结构是以各词的首字母为主，辅之以尾字母和中间字母，不过也有例外，如 Re.(with reference to 关于、事由）是以中间单词的前两个字母组成的缩略语。还有一些谐音缩略语，如用 X 和 Z 代替一些字母组合：XPRS（ express）快递，XCL(excess current liabilities) 短期债务逾额，XB(extra-budgetary) 预算外，ZD(zero defect) 无缺陷。

另外，商务缩略语中"同词异简"和"同简异词"的情况较为普遍。如（Enc.encl.）enclosure 附件；N.P.(Net profit 净利润、No protest 免作拒付证书、notary public 公证，公证人、Notes payable 应付票据）。总的来看，以相应的词组和短语的第一个字母进行缩略还是占主导地位的。

不难看出，商务英语缩略种类较为复杂。用于金融行业电传、电报中的一些英文词语缩写没有固定规则，切忌胡编乱造。尤其在商务电函中，缩略语的使用会影响买卖双方的利益，使用起来较为复杂，所以也更为规范严谨。

三、商务英语缩略语的应用

在运用过程中，语言在一定程度上会受应用环境的制约，这种制约的力量非常强大，且具有普遍性。一切语言间的交流运用都被限制在特定语境之内，语言的意义、语言的用法和色彩全部由它掌控。商务英语缩略语也不例外，它是其中的一种语言现象，人们在商务环境中洽谈或进行商务往来时，常需要接触到它们。在使用过程中不难发现，商务英语缩略语对于语境的依赖程度要高于其他类别的语言。

英语中词语的一词多义现象很常见，由于受商务语境条件的限制，很多词语的词义会产生意想不到的变化，如在普通社交语境中 quotation 有"引言""语录"之意。而在商务电函中则有"报价单""行情"等含义，且经常用其缩略形式 QUTN。如 a QUTN(quotation) of price(报价单)。

普通话境中 balance 有"平衡""均衡的"之意，在商务语境中则为"余额"，如 We

need to check the balance of the company.（我们需要看一下公司的结余。）

普通话境中 commission 有"委任""委员会"之意，但在商务环境下它被译为"佣金"，也可写为缩略形式"COM"，如 go beyond one's commission（越权）；the Military commission（军事委员会）；a 5% COM（百分之五的佣金）。

普通话境中 credit 意为"信用""信誉"，如 credit card（信用卡）。在商务语境中 credit 则被译为"贷款"，如 get credit（取得信贷）。

在普通话境中，instrument 意为"仪器""乐器"，如 metal instrument（金属器械）。而在商务语境中它则变成了"票据""支付工具"。而且可以缩写为 INSTR，如 a negotiable instr（instrument）可转让票据，流通票据；Instr（Instrument）of payment 支付工具。

商务英语缩略语言简意赅，使用简便，寥寥几个字母就能表达复杂的含义，且在一定程度上显示了专业性，所以能被广泛应用于国际金融贸易等合作领域。同时，各种缩略语交织在普通句型中使用，拥有同等级句法功能。在商务电函中缩略语的使用几乎无处不在，可以用作不同成分并且还有简单的时态区分，如：

C.I.F.is the basis we are to offer. 到岸价是我们的报价基础。(C.I.F. 在句中做主语)

All the prices in the list are on F.O.B.. 表中的价格都是离岸价。(F.O.B. 为介词宾语)

L/C OPND LST MON. 信用证已于上周星期一开出。(OPND=Opened 做谓语)

本节借助词汇化理论，对商务英语缩略语进行了八类结构上的总结，并对其在不同环境下的应用进行了举例分析。虽然作为同一种语言，各类英语缩略语的形成规律一定有其同一性，但相对于其他领域的缩略语结构，这些结构的差异性更突出地体现在金融英语缩略语中。不过需要注意的是，在给官方或交易对象发送商务信函一类消息时，还是要避免使用一些非正式的缩略语，以免给对方留下过于随意、不重视合作的印象。

总而言之，在商务英语中，缩略语的使用具有一定程度的特殊性和规范性，恰当使用，可避免语言的重复，并且能很好地诠释语言。

第六节　国际商务中合同英语的特点

商务合同英语是专用英语的分支，其语言、语境和语篇的特殊性决定了它不同于普通英语。深入研究国际商务中合同英语的语言、语境和语篇特点的特殊性，可帮助从事国际商务中合同英语译者准确地把握和理解国际商务中合同英语的整体信息，从而遵循相关翻译原则，运用合适的翻译策略，在跨文化商务活动中获得事半功倍的翻译效果。

英语商务合同是特殊的应用文体，也属于一种法律性公文，它既要符合法律性公文特点，又要具备逻辑严密、结构严谨等特点。英语商务合同不同于其他商务合同，它需用特殊语体的英语来书写。国际商务中合同英语具备较特殊的交际目的，因而形成了特殊的语体特点。本节主要从国际商务中合同英语的语言、语篇和语境几方面初步分析国际商务中合同英语的特点。

一、概述国际商务合同英语

国际商务合同通常是由贸易双方在自愿、平等的基础上，协议后进行的一种民事法律行为，受国家管辖和法律保护。我国企业在对外贸易中常遇到劳务、技术、租赁、信贷、商品买卖和代理合同等多种商务合同。

商务合同英语是现代经济合作、文化交流的重要工具，是在国际营销、贸易等活动中给国际贸易提供英语书面记录、依据的一种特殊文体。相较于普通英语，国际商务中合同英语对语言的要求更加严格，需经当事人双方签订协议方可具备法律约束力，在一方不同意时随意变更合同内容属违约。国际商务合同中的英语在语言、语篇和语境等方面具有独特的特点，这也会涉及各种业务范畴。

二、国际商务中合同英语的语言特点

（一）词汇特点

当前，"世界经济一体化"深入发展，英语已在世界范围内被广泛运用。另外，英语在国际贸易和人们的日常生活中也起到了重要作用。国际业务所涉及对象常来自不同经济组织或者国家，因而，国际商务合同常用英语写作。国际商务合同主要是讨论标准化利益分配当事人的相关义务、权利的一种合同，因而其语言内容需严谨有效。国际商务合同内所用英语词汇非常专业，如舶来词、同义词和官方术语，起草该合同时，应明确指定这些词，以此来确保此份合同的严谨性。

国际商务合同中普遍运用专业术语，如追索权 (right of recourse)，本票 (promissory note)，不可抗力 (force majeure)，索赔 (claim)，保险费 (premium)，贴现率、贴现 (discount) 等，这些专业术语产生在长期贸易协定过程中。另外，相关法律词汇也经常出现在国际商务合同内，如解除 (lift)，起诉 (law suit)，善意持票人 (bona fide holder)，如果买方不遵守该条款，卖方可以终止合同，直到买方重新开始履行该条款 (If buyer fails to comply with the conditions of this article, Seller may suspend all performance until Buyer has so complied)。

缩略语也是国际商务合同内不可或缺的重要部分，缩略词属于派生词，其目的在于缩略、简化词语。通过分析研究标准的国际商务合同发现，可将国际商务合同内的缩略语粗略地分为三类：斜线、直接缩略和逗号隔开，其中最常见的缩略语为直接缩略语。多个词语的首字母组合在一起，常能构成一个缩略词，如 WTO 是 World Trade Organization(世界贸易组织)的缩写，D/A 是 Document against Acceptance(承兑交单)的缩写，VAT 为 Value Added Tax(增值税)的缩写。比较常见的缩略词还包括 POD、UN、APEC、CPT、DAF、OB、CFR、DEQ、FAS 等。

（二）语法特点

日常生活中的写作系统和写作内容，与国际商务合同的相关内容大相径庭。所以，相较于日常生活中涉及的写作内容，商务合同的相关语法表达更具特殊性。第一，分析句子结构，商务合同常用到完整句和祈使句；第二，分析词性选择，名词和动词常为不二选择。

因为国际商务合同具备严肃性和严密性等特点，在制备合同时应选择具备明确表达式和丰富内容的名词。名词短语能显著缩短句子的长度，同时还能提升合同的有效性。由于动词数量较多，因而在拟定商务合同时，拟定起草者应将遇到的动词进行名词化处理。这种动词和名词间的处理技巧可体现英语的文本用词特点，同时也符合合同的严谨性特点。如在拟定商务合同时，会优先运用 delivery of the goods（输送货物），而不是运用 deliver the goods，前者属于名词性短语，后者属于动词性短语。在使用名词性短语时，拟定合同者不必考虑词语的情感和时态，同时也增加了语句的正式程度；另外，当选择动词时，为了更好地体现商务合同所特有的正式性，人们通常倾向于选择复杂动词，如拟定合同中的"支付"一词，合同拟定者会用 make payment 替代 pay。

（三）国际商务中合同英语的语篇特点

1. 礼貌性程度较高

国际商务合同中英语语篇的最显著特征为大量使用礼貌用语，这在一定程度上体现出商务人士特有的语言技巧和交际技巧，这在用于交流和沟通的电子邮件和商务信函中表现得尤为突出。专业人士认为"彬彬有礼的一封书信可帮助信件书写者树立一种热情、正直，且拥有良好职业道德和文化修养的形象，使得收信者愿意同写信者合作"。国际商务信函通常采用以下几种方式来获得委婉、礼貌和客气的效果：第一，少使用命令类语气，多使用请求类语气，把祈使句变成用 would 和 will 引导下的一般疑问句式，如您能告诉我们更为详细的信息吗？(Would you tell us more detailed information?) 第二，避免着重强调写信者的个人观点，多运用缓和的语气表达，如我们恐怕无法一次性交付全部货物，我想你们应该已经收到我们的提议了。(We are afraid we can not deliver the goods all at one time. It seems to us that you ought to have accepted the offer.)

2. 具备明显的程式化色彩

国际商务合同中的英语是一种具备专门用途的英语，具有较强的功能性和目的性。程式化语言和语篇模式的运用具有如下作用：首先，对处在具备跨文化特点、跨语言特点的商务领域人群的语言和行为进行统一规范，以便于他们更好地开展商务合作与交流；其次，借助语篇本身的礼貌和简洁等特点来展现国际商务往来双方的诚意，既节约交往时间，又提升活动效率。

因而，程式化的语篇模式已被广泛运用到各种国际商务场合中，如商务合同、商务函电等。为满足国际商务范畴所需的日常交流、沟通，人们已普遍使用商务信函；商务信函有统一规范的格式，其篇章结构完整、语言正式，程式化色彩较强。正式商务信函常包括信头、封内地址、称呼、封内日期等多项内容。

  3.语篇建构具备较强的目的性

  国际商务英语属于使用较强的一门英语，产生于国际贸易交流、往来过程中，因而应建构具备较强目的性的国际商务中合同英语语篇，从而为国际商务交往提供更好的服务。贸易双方运用商务邮件或者商务信函是为达成某一目的，这可体现在语篇的建构上面。建构国际商务合同中英语信函的方法被归纳为陈列式和劝说式两种：陈列式信函通过条款或者图标形式将相关重要数据陈列出来，具备清晰可见、一目了然等优点；劝说式信函的行文为"无标记信息结构模式"，以增强劝说辞的说服力。不论采用哪种方式，当事人都力求向对方呈现完整准确的信函信息和内容，以提高国际贸易双方往来的效率。

（四）国际商务中合同英语的语境特点

  在国际商务活动中，语境是影响商务合同有效性的一项重要因素，它不仅涉及国际商务合同的实际风格，还承接着语言特点和语境因素间的联系。

  1.国际商务交际的媒介

  语言在国际商务交际中起到"媒介"作用，依据语言媒介差异，可将国际商务中合同的文体分为书面文体和话语文体两种。国际商务合同涉及社会生活的各方面，成了各方经济的重要构成部分。国际商务合同不应只注重语言美观，而应强调其内在理论准确、逻辑清晰；此外，可借助书面文体来表达合同本身蕴含的交际含义功能。

  2.国际商务合同的重要题材

  商务合同的题材涉及社会生活的各个方面：劳务出口合同、企业合同、销售合同、出口合同等。在合同语言里，外来词、指示词、科技词、古词、正规词、陈述词、长句、主动语态、一般现在时等均是商务合同的特点。

  国际商务中合同英语的基础为普通英语，它形成和被使用于国际营销和贸易等商务活动中，其商务专业特性鲜明，主要涉及文化背景、商务知识、英语语言知识等诸多领域和因素，属于特殊语言问题。国际商务中合同英语是现代经济合作、文化交流的重要工具，翻译标准也会依据语言的发展而加以创新、变化。在日常工作、学习中，翻译者既要了解"英汉"这两种语言的异同点，掌握"英汉"两种语言产生的不同文化背景，还要具备相关法律、商务等专业知识，明确国际商务合同所需的语言特点，通过查询工具书了解各项专业词汇在不同语境、不同领域中的特殊含义；严格遵循"规范得体，准确严谨"这一翻译原则，借助适当的中英翻译策略，极力避免胡乱翻译、错译、曲译和误译等现象出现，准确翻译国际商务中的合同英语，从而促进国际贸易的良好发展及跨文化交流。

第七节　外贸商务英语语言特点

了解商务英语的语言特点有助于促进贸易交流的开展。随着我国经济的发展，国际贸易日益增多，因此我们要提高对商务语言特点的了解，正确看待商务英语语言特点及翻译，保证外贸交易的顺利进行。笔者对外贸商务英语的语言特点、运用环境进行了具体的分析，并提出了相应的外贸商务英语翻译策略，以作为外贸商务英语运用的参考。

商务英语作为一种具有特殊交易目的的语言，不仅要掌握流利的表达方法，还要了解其实质内容。我们应将商务英语与外贸跟单、西方文化等相关知识联系在一起，培养专业的商务英语人才。目前我国外贸经济发展迅速，但是相关人才却呈缺失状态，其重要原因就是在人才培养过程中忽视了商务语言的文化特点，未掌握正确的翻译方式。为此，需要对教学部分进行调整，要求注重翻译者对语言文化、背景、使用场合的选择，以逐渐提高其商务英语翻译能力。

一、外贸商务英语概述

商务英语主要以外贸业务为主，是随着我国与国际间的贸易交流而产生的一种交易方法和手段。英语作为国际通用的基本语言，是国际商务从业者的使用工具。在教学中，商务英语是一门复杂的学科，与多个行业和领域之间具有密切联系，单纯地学习语言不利于学生商务英语能力的提高。外贸商务英语是一门综合学科，在教学中应对教师的综合素质做一定的要求，保证教学的合理性。外贸商务英语主要分为文本英语翻译和现场谈判两种，是外贸交易中不可或缺的组成部分。无论是哪种形式，均需要国际商务从业者掌握丰富的语言知识，并对语言背后的文化深入了解，以便在翻译过程中正确选择词汇和句型，使翻译准确、通顺，并符合对方的心理需求。

二、外贸商务英语的语言特点

（一）外贸商务英语词汇特点

词汇是外贸商务英语的基本组成单位，商务英语以交易为目的，因此与普通交流的语言特点不同，商务英语具有专业性和简洁性等特点。

首先，语言的专业性体现在商务谈判中要尽量减少与主体无关的词汇，用词要准确，使用双方认可的专业语言进行交流，尤其在涉及经济、数额及不同行业领域的专业术语时，决不能模糊，要准确翻译。词汇的正确使用是翻译者的基本功，如果词汇翻译错误，则商务英语翻译者是不合格的，且会造成极大的损失。如"对销贸易"的英语术语为"counter trade"，"财务状况"的英语术语为"financial standing"。这些都是固定的翻译模式，需要翻译者强化基本功，保证翻译的精准性。

其次，简洁性。商务谈判涉及国家与国家之间，往往不能耗费大量的时间。因此语言的简洁性应是谈判双方的共同要求，在交流中力求直接、准确、完整地表达出所要传递的意思。如"世界贸易组织"的英语简称为"WTO"，而"亚太经济合作组织"的英语简称为"APEC"，这些缩写词的目的就是通过双方都能够接受的简写来保证语言的简洁性，缩短谈判时间。在具体的价格商谈和事项交代中，均要使用较简单的语言。简洁性是一个必要的原则，优秀的商务谈判人员均应遵守。

（二）多义性

语言具有多义性，商务英语也不例外。同一语言在不同的语言环境中有多种意义，这就要求翻译者能正确选择和表达出商务专业语言。在教学中，要基于不同领域进行区分，学习不同领域的不同翻译方法，培养不同领域的英语人才。如以 reference 为参考，日常翻译是"参考、提及"的意思，但在金融领域中，需要翻译成"证明人、证明书"，意义上有很大差异。错误的翻译容易造成误解，这需要学习者不仅了解自己学习的专业领域，还要对其他专业领域的相关词汇意思进行研究。

（三）句型特点

句型的使用是商务谈判的基本功，通常包括简单句式、被动语态句式和复合句式。在讲解时，很难固定使用某种句型，需要谈判者自己的天赋和认知。优秀的商务谈判者要善于选择词汇和适当的句型，强调客观和准确。同时，需要保持语言的连贯性，语气平稳、委婉，但对需要表态的语言要掷地有声。其中谈判中经常使用被动语态，可以使语言更客观，重点更突出。

另外，由于商务英语的正式、规范化原则，要求其在细节表达上要准确完整，因此复合句也是不可避免的。复合句型中的定语从句和状语从句，能凸显准确严谨的翻译，突出其中的法律效应，提高外贸商务谈判的成功率。介词结构句式是为了保证语言的简洁性，以缩短谈话时间，也使思路更清晰。对外贸易商业往来的过程一般是有时间限制的，即有高效率和高质量的要求，因此，在外贸商务英语中使用适当的介词结构句式能有效地达到这一目的。

三、外贸商务英语的翻译策略

一般对于商务英语翻译的基本标准是准确和通顺，在两种语言信息的转换过程中要尊重彼此文化上的差异。针对商务英语的语言特点，笔者将其翻译策略做如下探讨。

（一）熟悉有关专业术语，了解商务英语专业知识

商务英语中具有多种术语，基础知识不扎实的翻译者往往会选错词。因此对于商务英语翻译者而言，需要掌握大量的专业词汇。在本节中，笔者多次强调专业术语掌握的重要

性。但是在教育中，往往存在方向不明确、词语堆砌的特点，因此还需要对商务英语教育教学进行改革。学习者要真正理解商务英语词汇在专业领域中的不同意义，以保证对相关领域的词汇的完全掌握，并且能够灵活地应用于翻译中。对外商业贸易往来中必定会涉及许多专业知识，如国际贸易、金融领域的专业术语，只有准确表达才能达到最好的效果，这就要求翻译者自身要具有较高的翻译水平。

（二）遵循商务英语翻译原则

商务英语翻译原则有多种，其中准确严谨原则和规范统一的原则是必须遵守的。对商务英语的合同、货运等全过程要进行研究，保证书面翻译和语言表达符合基本规范，保证双方的利益，这就需要翻译者掌握不同专业的词汇，了解不同领域、不同流程中语言使用上的差异。时刻坚持准确的原则对相关内容进行翻译，在文本翻译上，要与原文保持一致。另外，还需要遵循规范统一的原则。在国际贸易中，很多词汇都有专门的意思，在翻译过程中，译者不能随意变换这类词汇的意思和表达方式，必须严谨地选择然后正确地使用，以免造成误解，影响谈判进程。最后，商务英语的语言要具体，具体到基本的细节问题，比如，时间、质量和价格等问题，谈判者要把握好分寸，用简洁的方式来表达完整的内容，但是不要随意省略词汇，也不能含糊表达，抽象的意象尽量不使用。

（三）翻译结束后要认真审校

对于文本翻译而言，需要对其进行矫正。翻译者要对翻译完成的语言进行全面的检查，改正用词和措辞上的不妥，避免产生不必要的误解。翻译结束后的检查需要翻译者具有深厚的语言知识和语言功底，如果自己不能做到或不能肯定，应该请教更专业的人员帮忙审校。同时要了解翻译的背景，以免翻译偏离基本轨道。一般要求翻译者至少进行两轮的检查，首先是词汇和错误拼写的检查，然后是句意和整篇通顺性的表达，要求术语上要统一。

总之，外贸商务英语要区别于普通英语，它具有专业性和复杂性。翻译者应尊重语言、文化的特点，尤其是要了解商务英语的语言特点和翻译原则，在学习阶段不断丰富自身的商务英语语言知识和跨文化交流技能，力求在翻译过程中进行准确、通顺的翻译。目前，我国商务英语翻译专业人才较少，需要在教育教学中提高商务英语人才的培养水平。本节侧重于从外贸商务英语的语言特点分析出发，阐述外贸商务英语的翻译策略，希望能对提高翻译者对外贸商务英语翻译的准确度、通顺度提供一些帮助。

第三章 商务英语翻译概论

第一节 商务英语简述

随着全球经济一体化趋势日益加快，全球贸易日趋融合，中国与其他国家贸易往来日渐增多，跨国商务活动日渐频繁，作为国际经济交流和商务活动的语言工具，商务英语（Business English）脱颖而出，成为一门新型的、跨学科的综合性专业学科。英语作为当今世界的商务通用语言，在国际商务活动中有着举足轻重的作用。其实，商务活动的范围很广，包括技术引进、对外贸易、招商引资、对外劳务承包与合同、国际金融、涉外保险、国际旅游、海外投资、国际运输，等等，在涉及这些活动中所使用的英语统称为商务英语。商务英语作为专门用途英语（English for Specific Purposes，简称ESP）的一个分支，主要指商务背景中需要运用的语言技能（Richards）。随着全球经济向一体化发展，网络通信和多媒体技术的使用，国际商务活动的范畴不断扩大，商务英语的内涵也在不断扩大和升级。"商务英语"，就其语言本质而言，就是在商务领域内经常使用的反映这一领域专业活动内容的英语词汇、句型、文体等的有机总和。在长期的使用和发展过程中，商务英语形成了自己独特的文体色彩，成为为国际商务活动服务的专门用途英语。

21世纪是知识经济的时代，国际商务英语正日益显示出强大的生命力，其应用性和普及性是显而易见的。随着我国经济的迅猛发展和贸易全球化，社会需要大量既具备娴熟的英语实际应用能力，同时又掌握商务专业知识的复合型人才。

一、商务英语的内涵

一般来说，商务英语是指人们在商务活动中所使用的英语，在西方国家通常称为"Business English"。20世纪80年代，在我国，商务英语主要用于对外贸易，因而又称为外贸英语（Foreign Trade English）。现在随着经济发展的日益全球化，我国在更广阔的领域、更深的层次上融入了国际社会，政治、经济、文化教育等领域内的国际交流与合作日趋频繁，现代商务英语的内涵和外延也得到了扩展。

"商务英语"，顾名思义，包含英语与商务活动两个方面。商务英语是在不同的商务场景中运用的英语，因而具有"商务"特色。"商务"指使用英语的商务工作人员所从事的商务活动和商务环节的总称，是传播的内容；"英语"是传播的媒介；"商务"与"英语"不应是简单相加的关系，是二者的有机融合。

语言交际有其特定的语言环境，商务话语是一种职业话语，是人们使用语言进行商务活动的产物，语言和商务活动之间是密切联系的，要使商务活动得以顺利进行，商务活动参与人必须运用语言，对词汇语法资源进行适当的操作。商务活动本身决定了语言的使用特点。商务英语的特点主要在于专业化和较强的针对性。归根到底，实用性是商务英语最大的特点。它注重的是在商务沟通中口语与书面表达的准确、简练与规范。

出于国际商务活动的客观性与现实性需要，商务英语的专业术语和职业套语较多，但都必须用语礼貌、表意清晰、结构可行、表达得体。商务英语所要表达的语言信息是商务活动方面的内容，因此，必须精确运用专业词汇。在商务英语中，掌握一定量的商务词汇是必备的，但是仅有一定量的专业术语仍无法自如地应对各种商务问题。

商务英语是为国际商务活动这一特定的专业学科服务的专门用途英语，是与其他职业英语如旅游英语、法律英语、医用英语等一样具有很强专业性的行业英语，共同点在于都要有英语的基本语言基础。商务英语虽源于普通英语并具有普通英语的语言学特征，但是，由于它传达的是商务理论和商务信息等方面的知识，因此，它本身又具有内在的独特性。商务英语多使用在国际贸易中，是企业合作双方不可缺少的交流语言，其内容涉及英语语言基础知识、专业知识、行业习惯、民族习惯、人际关系、处事技巧等。因此，在语言结构上，商务英语不仅术语、套语多，专业词汇多，而且还有相当一部分蕴含交际策略的委婉、客套用语适用于不同的场合，不同的话题，迎合不同的对象。无论采用的是口语形式还是书面形式，都应显示其语言结构的适切性、语言表达的得体性和表达方式的可接受性和语言运用的准确性。

二、商务英语的组成要素

英国商务英语专家 Nick Brieger（1997年）提出了"商务英语范畴"理论。他认为，"商务英语应包括语言知识（Language Knowledge）、交际技能（Communication Skills）、专业知识（Professional Content）、管理技能（Management Skills）和文化背景（Cultural Awareness）等核心内容"。

首先，语言能力是交际能力的基础，然而具备语言能力并不意味着具备交际能力。美国社会语言学家 Dwell Hymes 认为，交际能力不仅包括对一种语言的语言形式的理解和掌握，还包括对在何时何地、以什么方式对谁恰当使用语言形式进行交际的知识体系的理解和掌握。现在越来越多的人已达成共识，即交际能力应包括听、说、读、写能力和社会能力这五个方面，主要指的是达意及得体。商务英语的实践性更强调交际能力的重要性。

其次，商务背景的内容决定了该语境中需要运用的交际技能以及语言技能。商务交际技能指从事商务交际活动所必需的技能，既有语言方面的，也有非语言方面的。具体情景中使用的语言是由商务背景的内容和交际技能决定的。商务交际的内容决定词汇的选择，某个词语在不同的专业里可能会有不同的含义，在不同的上下文里可能也会有不同的表达，不熟悉相关专业的知识内容，不关注词语存在的上下文，就难以有精确的翻译或忠实的表达；而交际技能则决定句型的选择、篇章结构、文体风格、语调、节奏的变化，等等。

翻译国际商务英语时，译者必须了解和掌握专业背景知识，将着眼点放在对原文的忠实、准确的理解上，尽可能精准地翻译出原文的真正含义。商务英语中有很多专业术语（terminology），其中有些是我们平时熟悉的词或词组，但放在商务英语或某一具体学科中却获得了特殊的含义。例如，"Your immediate attention to our enquiry and proposal will be appreciated."（我方询盘与建议若能得到贵方迅速办理，则不胜感激。）"enquiry"通常意为"询问、打听、调查"，但在商务信函中指"询盘"。也就是说，"询盘"的标准英译就是"enquiry"。词语的选择取决于专业背景信息。译者为了努力达到准确翻译的目的，除具有扎实的双语基本功之外，还要掌握商务各领域的专业知识，熟悉各领域常出现的专业术语。在遇到不懂的专业术语时，切忌望文生义。

商务活动参与者还应具备较强的跨文化意识。商务英语翻译的任务不但是语言的转换，也是文化信息的沟通与交流。商务英语要求用英语去从事商业活动，语言是基础，必须熟练掌握，精确运用。此外，还要熟知英美国家的文化背景、风俗习惯，只有这样才有可能成功交际。商务人士往往需要和不熟识甚至素未谋面的人交往，不了解对方的文化背景就有可能造成商务交往中的失误。来自不同文化、使用不同语言的人"需要有国际上接受的行事方式以使来自不同文化、说不同母语的人们能很快地、更自如地相处"。王佐良先生也曾指出："不了解语言中的文化，谁也无法真正掌握语言。"翻译之所以不那么容易，乃是因为语言反映文化，承载着丰厚的文化内涵，并受文化的制约。语言一旦进入交际，便存在对其文化内涵的理解和表达问题。这就要求译者不但要有双语能力，还要有双文化乃至多文化的知识，特别是要对两种语言的民族心理意识、文化形成过程、历史习俗传统乃至地域风貌特性等要有一定的了解，以便在国际商务这样一种跨文化交流活动中做到游刃有余。

三、商务英语的学科定位

随着全球化经济的日益发展，英语在国际商务活动中的地位更加重要。作为一门独立的学科，商务英语的发展壮大之势已不可阻挡。然而，作为一门学科，尽管近几十年来有了长足的发展，但社会上对"商务英语"的定义则众说纷纭，定位仍然模糊不清。

Ellis 和 Johnson 认为，商务英语应属于专门用途英语的范畴。理由是，它含有其他专门用途英语所必须包含的一切主要因素。商务英语又有别于其他专门用途英语。它既包含特殊性内容，又包含普遍性内容。其特殊性主要是指，它总是与某一具体职业或行业相关联；其普遍性则是指，虽然处于商务情景中，它同样需要具有与提高信息交流的效率相关联的普遍性能力。我们认为，商务英语是一门融英语、商务管理、外事外交、外贸谈判、市场营销、金融、经济学科等为一体，以语言学和应用语言学为理论指导的跨学科的英语功能变体，是一门以语言学为主导、吸收了其他学科研究方法的综合性学科。由于这种特性的存在，商务英语的生命力和发展潜力也就有了可靠的保证。商务英语作为一门综合类语言学科，与当今的政治、经济、文化和科技活动紧密相关，亦将随着时代的变化而发展。

四、商务英语的发展现状

目前在许多国家，商务英语都呈现出蓬勃发展的势头。发达国家非常重视商务英语教育，许多院校都开设了商务英语课程。在以英语为母语的国家，它们的外语教学界把商务英语教学视为专门用途英语教学（ESP）的一个领域。在英国，各大经贸类院校都开设了商务英语课程，如牛津大学、剑桥大学向全世界推出了国际性商务英语考试，伦敦商会设立了商务英语证书的培训和考试机构；美国的哈佛大学、斯坦福大学、加州伯克利大学等著名院校都开设了商务英语课程，普林斯顿大学还成立了以商务英语为核心的国际交易英语考试中心。英美的主要广播公司每天都在播出商务英语教学节目；同时，许多国家的大小城市，拥有为数众多的商务英语培训学校。据 *Teaching Business English* 的作者 Mark Ellis 和 Christine Johnson 介绍，仅在英国这类学校就有 100 多所。

英国的中央兰开夏大学专门开设商务英语专业并与我国的几个主要城市，如上海、广州、深圳等地的高校联合开设商务英语专业，培养了一批又一批商务英语专业人才。

在我国商务英语人才越来越受到重视。为适应这一形势，许多高校设置了商务英语专业。全国开设正式的商务英语专业，进行正规商务英语教学的院校已近 300 所。

随着社会对商务英语的需求与日俱增，各种培训班比比皆是，各种商务英语证书考试名目繁多，其中影响较大的有商务部举办的全国外销员考试、国家人事部和商务部联合举办的全国商务师资格证书考试、教育部和英国剑桥大学联合举办的剑桥商务英语证书考试。在商务英语教学蓬勃发展的同时，商务英语的学科体系也在逐步形成。由此，我们可以清楚地看到，商务英语已经深入到我们的生活当中，受到极大的重视和越来越多人的青睐。

第二节　商务英语的性质与特点

一、商务英语的性质

如前所述，国际商务英语（International Business English）属于专门用途英语（ESP）的范畴。Hutchinson 和 Waters 认为，"专门用途英语不是一种'特殊种类'的英语"。虽然专门用途英语有其特殊的语言特性，但并不存在某种特殊的语言种类。换言之，不应该认为专门用途英语是有别于普通英语的特种语言，因为两者之间的共性大于特殊性。Munby 把专门用途英语分为两类：以学术为目的的英语（English for Academic Purposes），指用以完成学业或进行学术研究、交流所使用的英语，其学术性较强；以职业为目的的英语（English for Occupational Purposes），指从事某一行业工作所使用的英语，实用性、专业性较强。Hutchinson 和 Waters 认为商务英语属于专门用途英语的一个分支，一种变体。商务英语的全称应是 English for Business and Economics（EBE）。在美国，商务英语指的是"商务沟通之用语也"（Mary Ellen Guffey）。

二、商务英语翻译的特点

商务人员的需求特点主要表现在经济利益的最大化。为此，准确、快捷地得到他们所需要的信息是经济利益最大化的根本保障。由于商务人员交流的载体往往是商务语言，这样，商务语言的准确、通顺和规范性以及专业性又是取得商务交际成功的基本保证。下面，我们对商务语言的特点做进一步的分析。

商务语言是各种具体语言的一种变体，是商务活动中所使用的一种特定的语言形式，除了具有普通语言所具有的语言特点之外还具有特定的规范，并承载着特定的社会功能。商务语言可以区分为普通商务语言和专业商务语言。前者是指未从事过商务活动或刚刚从事商务活动的人们所学习和掌握的、涉及商业实务内容的语言；专业商务语言是指已有过商务活动经历或经验的人们学习和使用的语言。这时，人们将商务知识和商务技能同语言学习融为一体。

专业商务语言，其规范性和专业性比普通商务语言在多个语言形式层面上都更强。商务语言文本包括多种实用文体的文本，应该说各种文本都可能具有自身的特点。下面，排除商务广告语言，我们从较为共性的角度来看看其他专业性商务语言的特点。

（一）词汇特点

1. 专业性

所有的专业性文本中的词汇都具有专业性的特点。商务词汇大多源于人们的日常生活，在日常生活中有其基本意义，但是进入商业领域后，却成了饱含商务内涵的专业词汇。一般来说，若了解这些专业词汇，就不会存在翻译障碍。但对于一些生手而言，则容易犯望文生义的毛病，不了解一些普通词汇的专业用法，也不去做任何查询，极易导致误译。

2. 缩略形式多

商务英语注重简洁，多使用缩略形式，这符合语言使用的经济原则，更适合商务人员讲究经济节奏的风格。

3. 逻辑功能词与名词使用频率高

在商务英语中，使用名词化可以将许多需要用句子才能表达的意义用名词词组就表达出来，因此，使用名词可以使信息量集中，符合在商务交际中语言表达的经济原则。另外，因为名词化都是动词的名词化，不使用动词而使用名词就可以避免涉及时、体、语态、语气、情态等因素，使得整个语篇显得客观、正式、严谨。但与此同时，由于通过动词表现的时、体、语态、语气、情态等因素不明显，因而，商务语言表达中不得不依赖于其他因素来表达话语中的逻辑关系，尤其是表达逻辑功能的连词和介词。

4. 近文言体

近文言体在商务翻译中有一定的广泛性，近文言体的使用体现了商务语言的严肃性、规范性以及经济性。

（二）句法特点

1. 被动态的使用

被动结构的使用可以增强内容的客观性和准确性，有时也能体现商务交往中的一种礼貌。

2. 长句的使用

长句的使用则是商务语言注重表达严谨性的一种表现。

3. 同形词汇重复多

同形词汇重复主要是为了加强话语的严谨性，避免任何误解或漏洞。

4. 句套的使用

多数商务文体的文本有自身特色的句套，译者平时必须注意观察和收集不同文本使用的句套，以做到译文符合各自文体的规范，并在一定程度上减轻翻译工作量。

（三）篇章特点

1. 程式化

"不论哪个类型的语篇，都在长期使用中形成了一个特定的模式，具有一种区别于其他语篇的组织结构。"李明指出，商务语言篇章具有较为突出的程式化色彩，各种文体文本均严格按照各自的纲要式结构和交际目的行文。这种纲要式结构具有程式化色彩，有规律性、重复性、习惯性和约定俗成性等特点，为从事商务活动和商务交际的人们所共同遵守，也方便他们对各种文本类型的理解。

2. 同形词汇重复的衔接功能强

为了避免误解，尤其是代词使用可能带来的指代不明，商务英语中对文本中的一些重要词汇如名词性的词汇往往加以重复使用。同时，这些重复使用又增强了篇章的衔接。这种重复使用不仅表现在原文中，在译文中也有着几乎类似的情形，甚至由于汉语对代词使用的依赖性更弱，在汉语的译文中会显得更加明显。

（四）商务文本的文体与翻译

商务文本有多种文体，我们在这里先选择性地简单介绍其中几种文体的特点与翻译，以说明文体对翻译的影响。

商务信函都体现出礼貌性，无论是写作还是翻译都注重尊重对方的原则。商务合同具有法律意义的文本多具有严谨性和严肃性，其用词都较为正式，句法结构都较为复杂，篇章模式具有一致性，篇章衔接方式不惜重复使用原词汇或句法结构。商务广告是商务文本中较为特殊的一种文本，其创作具有丰富的文学色彩，因而，广告的翻译具有相当的重写性，即在翻译时原文本的字面意义相对其他类型的文本来说有时显得并不重要，字面意义更容易被放弃，广告翻译追求的是一种效果。当一般的翻译技巧都难以达到原文的效果时，重新按照译语进行创作也是常有的事。不过，不管是纯粹的创作还是其他翻译操纵方式，都与译语受众的美学观有着很大的联系。

总之，与各种文体特征差异相对应的是，各种文体文本所采用的翻译方法应有所不同。对于文学艺术性较强的广告宣传资料，我们更多使用的是意译—归化翻译方法；而对于严谨专业的企业法律财经资料，我们更多使用的是直译—异化翻译策略；对于介乎其中的中性平实的企业管理资料，一般采用上述两种二分翻译方法的中间路线或交替路线。

但无论如何，将商务翻译做到"化境"的根本立脚点是从源语信息的发出者的角度思考，看他/她希望受众接收到什么信息，希望达到什么效果，而这些人，都是某一企业或事业的利益相关者。这就要求译者深刻体会这些利益相关者的立场及用意，然后，辨明翻译文本的文体特征，使用适当的翻译方法，做到使源语信息在目的语中得到最佳对等表达。

（五）商务翻译的特点

至此，根据商务人员的需求特点以及商务语言的特点，我们可以把商务翻译的特点大致归纳如下：

1. 目的性

明确翻译目的是取得任何翻译交际成功的前提，商务翻译概莫能外，如前所述，商务人员最大的需求就是经济利益最大化，即经济利益最大化往往是商务人员的根本目的。为此，商务翻译必须为此根本目的服务，满足商务人员对交际载体的需求。

2. 时间性

时间就是金钱。这对商务人员来说表现得尤其重要，把握稍纵即逝的商业信息，甚至是商务人员和企业的立身之本。因此，商务翻译往往会存在对译文产出的时间性要求，即快捷性要求。

3. 准确性

信息的准确性是商务人员对交际载体的根本需求。商务翻译必须提供准确且往往通顺的信息，不准确的翻译往往会带来不堪设想的后果。当然，在商务翻译中，广告翻译与其他文体翻译存在一些差异，由于广告语言具有文学性，有时会带来不可译性，从而使得广告翻译有时不得不依赖于重写，对原文意义不做过多考虑，只单纯地追求是否达到相似的效果。

4. 规范性即专业性

任何行业都有行业规范，商务活动除了具有特定的行为规范之外，在语言上同样具有特定的规范。译文语言的规范性是译文准确性的基本保障。

由此，我们认为，商务英语翻译人员的基本素质是必须具有促成商务交际成功的高超的双语语言和文化能力、扎实的翻译理论与实践知识，以及必备的专业知识；另外，还必须有与时俱进以及基本的商业服务道德意识。

（六）商务英语的语言特点

商务英语源于普通英语（English for General Purpose），是普通英语与商务各领域专业知识的结合。两者在基本词汇、句型、语法的运用上具有共性，但由于商务英语传达的商务理论和实务等信息的特殊性，在专业词汇、句式特点、篇章结构及表达方式等方面商务英语有其独特性。

1.用词正式、严谨、准确

商务英语可谓字字千金，必须准确清楚地表达所要传递的信息，谨慎使用夸张、比喻等手法，尽量避免使用模棱两可的词语，以免产生不必要的争议。除广告语体外，商务英语在用词方面大量使用书面语，用词正式，力求准确无误。一般用词义相对单一的词来替代词义灵活丰富的词，以使文体正式、严谨、庄重。比方说，普通英语中的词汇 tax，be familiar with，buy，include 对应在商务英语中则用 tariff，acquaint，purchase，constitute。

例 1：To acquaint you with our purchase terms, we are enclosing a specimen of our contract for your reference.

译文：为使你方熟悉我方交易条款，兹随函寄上合同格式一份以供参考。

解析："acquaint"是正式用语，词义单一稳定，意为"make sb.familiar with sth."，而"familiar"词义较为丰富，可以表达多种含义，常见的有"熟悉的、常见的、亲近的、随便的"等意思，在正式交往中，容易产生异议，采用词义单一的词语"acquaint"，可以有效避免歧义，使句意表达明确、正式、严谨，文体更庄重。

商务英语中常用的正式用词还有：assign（转让），construe（解释），convene（召集），interim（临时），partake（参加），repatriate（遣返），effect（实现），grant（提供、让渡财产），levy（征收、征税），initiate（创始、发起），substantial（相当大的、重要的），terminate（结束、终止），utilize（利用）等。再举以下几例：

例 2：In case one party desires to sell or assign all of or part of its investment subscribed, the other party shall have the preemptive right.

译文：如一方想出手或者转让其投资之全部或部分，另一方有优先购买权。（assign 较 transfer 正式）

例 3：Unless specified otherwise in the contract, the insurer may also terminate thecontract.

译文：除合同约定不得终止合同的以外，保险人也可以终止合同。

例 4：Under the new regime, which could levy a tax rate as low as 20%, it will become legitimate to maintain an off shore account and pay the lower Swiss tax rate.

译文：在新的税收制度下，英国政府将征税税率低至20%，并且，将英国纳税人继续持有外国账户且按较低的瑞士税率缴付视为合法。

例5：A request for interim measures addressed by any party to a judicial authority shal lnot be deemed incompatible with the agreement to arbitrate, or as a waiver of that agreement.

译文：任何一方当事人向司法机构提出临时措施的请求并不能视为对仲裁协议的违反或放弃。

2.常用缩略词、外来词、古体词

英国语言学家Leech在英语词义的分类学说中指出，专业词语、古体词及外来词都属于具有正式用语风格的词汇，符合商务英语语体行文准确、简洁的要求。

（1）缩略词的使用。由于商务交往中省时、省力原则的实际需要，随着商务交往的频繁开展，商务专业术语以约定俗成的缩略语形式大量涌现，已被业内人士所熟知。言简意赅的缩略语，可避免冗长的解释，简化交易过程，提高工作效率，符合人们商务英语使用过程中希望节省时间、提高效率的要求，在国际商务合同、协议、函电及单证中得以频繁使用。比如，YR TLX 28 TH RCVD(28日来电收悉)；VC(Venture Capital 风险投资)；Reps(sales representatives 销售代表)；Ads 广告；B/L(bill of lading 提单)；blue chip 蓝筹股，绩优股；bad debt 呆账；NYSE(New York Security Exchange 纽约证券交易所)；POD(Port of Destination 目地港)；BR(bank rate 银行贴现率)；wt(weight 重量)；L/C 信用证；M/T(mail transfer 信汇)；D/P(documents against payment 付款交单)；C.O.D.(cash on delivery 货到付现)；C.I.F.(cost, insurance and freight 到岸价)；F.O.B.(free on board 离岸价)；D/A(Documents Against Acceptance 承兑交单)等。由于常用缩略语在外贸函电中出现的频率很高，熟练掌握这些缩略语有利于我们更好地进行商务活动。

（2）外来词的使用。商务英语中所使用的专业词汇和半专业词汇，特别是专业词汇大多来自拉丁语、法语和希腊语等的书面词或由合成构成的词语或是习惯上使用的所谓"商业用词"，它们的意义比较稳定，有利于精确地表达概念。外来词的使用使商贸英语文本更加正式、庄重和严肃，如来自法语的force majeure(不可抗力)，拉丁语的 ad valorem(从价税)等。

例6：So far few, if any, workers have been laid off as oil companies have, with a few exceptions including Anadarko, have not invoked force majeure clauses that allow them cancel rig contracts.

译文：目前甚少工人遭到解雇，除了美国的阿纳达科等少数公司外，多数石油公司还没有行使不可抗力条款以取消油井开采合同。

例7：The tariff may be collected on an ad valorem basis, where it is a percentage of the value of the import.

译文：从价关税是依照进出口货物价格的一定百分比为标准征收关税。

（3）古体词的使用。为了体现出法律公文的规范性和约束力，商务英语还使用了一些其他英语语体中很少或不再使用的古体词，常以 here，there，where 为词根，加上一个或几个介词构成的合成副词。这种复合词的使用从一个方面体现了商务英语的正式、庄重严肃的文体特征，其构成和使用灵活机动、简练浓缩、语义丰富、表达精确，经常出现在商务合同、公司法、票据法、知识产权法或产品责任法等法律文件中，往往成为商务英语的惯用语。

例 8：In compliance with the request in your letter dated May 8, we have much pleasure in sending you herewith our pro forma invoice in quadruplicate.

译文：应贵方 5 月 8 日来函要求，特此随函附寄形式发票一式四份。

三、商务英语翻译的翻译标准

在翻译过程中，译者应遵循一定的标准与原则，"忠实"和"通顺"是两项最基本的要求。在实际工作中，只有将"忠实"和"通顺"很好地结合在一起进行翻译，才能保证我们对译语质量的基本要求。除了"忠实"和"通顺"以外，在翻译时还要做到译语的语体与源语一致，并尽可能地把源语的修辞手法反映出来。忠实和通顺作为翻译的标准，应该是统一的整体，不能把两者割裂开来。

商务英语翻译不同于文学翻译。商务英语是专门用途英语，涵盖面较广，涉及众多不同领域、不同文体，翻译的标准有其特殊性，难以统一。无论是严复先生的"信、达、雅"，还是彼得·纽马克的交际翻译法都无法完全套用，但均可适当借鉴。众多翻译家和从事商务英语翻译的学者对此都提出了自己的看法。专家们的论述见仁见智，正如王永泰先生所说的"翻译标准不宜苛求全面统一，应视不同文体而定；若用'信达雅'来衡量，则应有区别地有所侧重"。刘法公先生提出我们切实可行的商务英语翻译标准应是"忠实、准确、统一"。我们认为，商务英语翻译遵循"忠实，准确，统一"以及"通顺"的翻译原则无疑是适用的。

（一）忠实性

"忠实性"标准原则是商务英语翻译人员必须遵循的首要标准。所谓"忠实"，即译文所传递的信息同原文所传递的信息要保持一致，或者说要保持信息等值。商务英语翻译必须忠实于原文，做到信息对等而不是相似，不得随意发挥，不能随意篡改、歪曲、遗漏原文所表达的思想。"忠实"的应该是原文的内容意旨和风格效果，而不是原文的语言表达形态。

（二）准确性

"准确性"标准是商务英语翻译的核心。"准确"是关键，译者务必在信息转换的过程中正确理解并选择词语，概念表达要确切，物品与名称所指正确，数量与单位精确，将原文的语言信息用译文语言完整表达出来，不曲解原义。

（三）统一性

所谓"统一"，即是指在商务英语翻译过程中所采用的译名、概念、术语等在任何时候都应该保持统一，不允许将同一概念或术语随意变换译名。也就是说，词语运用规范，符合约定俗成的含义，译文的行文方式合乎商务文献的语言规范。"统一性"标准有利于商务英语译文的统一和规范。有些术语以及专有名词在长期的翻译实践中已有了固定译法，沿用已久。即使这些译名不符合规范，不够妥帖，甚至错误明显，但因多年来已为人们所公认和熟悉，早已成为人们的共同语言了。这些译名，虽不规范，但沿用已久，如重新译名，反而会引起混乱，不利于译名的稳定和统一。此外，为了避免产生歧义，有些词语的翻译必须保持同一种译法，尤其是合同中的专业术语和关键词语都有着严格的法律含义，翻译时一定要透彻理解原文的内容要求，准确完整地传达合同文件的精神实质。

（四）通顺

将一种语言翻译成另一种语言后，译文要流畅、明了、易懂。英汉对译时必须使译文规范化，即所用的词汇、短语、句子及语法都必须符合本语种、本行业的一般规范和习惯，用词要准确，文字不晦涩、不生硬、不洋化。

第三节　商务英语翻译的基础知识

翻译最重要的原则之一是传情达意。原文和译文用的是两种不同的语言，在表达形式上千差万别，各有特点，所以，在翻译时，只有在正确理解原文意思的基础上，搞清楚作者的表达意图和风格，才能译得正确，才能达到使用两种不同语言表达的同一思维内容，在不同接受者之间产生基本相同的效果。

商务英语的语体和翻译不仅涉及英语语言，要求翻译者熟悉相关英语词汇的确切含义，理解句子在上下文中的意思以及文化背景，而且要求了解和熟悉经济、贸易、金融等许多相关专业的一般内容乃至更多的相关商务背景知识。商务英语翻译如果仅仅停留在理解词或句的字面意思或机械对应上，对其本质含义的了解不够准确，对其涉及文化或专业背景的内涵理解不到位，就会出现释义或翻译表达上的差错，知识错位，概念不清，内容混淆，定义含糊。

一、商务英语翻译的基本步骤

了解商务翻译过程，可以帮助我们有步骤地、科学地进行商务翻译工作。按照正确的步骤来进行商务翻译，对培养翻译能力和提高译文质量都有很大好处。通常基本翻译过程可以分为四个步骤：分析原文、将源语转换成译语、重新调整译文、约请有代表性的读者检验译文。

分析原文指细致处理词语的所指意义和联想意义，并研究句法和语篇结构，通过源语来掌握原文的思想内容。理解和领会原文是进行翻译的前提条件，是商务翻译过程的第一个阶段，也是最重要的阶段。翻译中大多数的失误都出现在这个阶段，因为没有正确的理解就不可能有正确的翻译。在商务翻译实践中出现的乱译或死译，往往就是对原文理解不透彻造成的。如果译者切实地理解了原文的含义，又能得心应手地驾驭译语，那么翻译就是一个很自然的驾轻就熟的过程。

具体来说，译者首先必须阅读待译的全文，了解其专业范围和内容大意。有时还需要查阅相关的资料或到现场去看看，以便熟悉有关的专业知识，待到领会原文后，才下笔开译，只有这样才不会出现大错。理解原文时，必须根据源语的语法规律和习惯去理解，并且要求"钻进去"把原文内容彻底弄清。对原文的理解应包括词汇、语法和专业内容三方面，而且三者是相互联系、相互影响的。只有这三方面都理解透彻，才能作出准确的表达。因此，在理解原文时不应孤立地进行分析，而要联系起来分析，换句话说，理解原文必须从整体出发，不能孤立地看待一词一句，而应该结合上下文，结合专业内容，通过对词汇和语法的分析，彻底弄清原文的内容和逻辑关系。

在翻译过程中，从用源语思维到用译语思维的转换是关键的一步，这时将原文的内容"一步到位"转换成译语，明晰程度越高越好。可以将译文中的词汇特征、句法特征和语篇特征进行结构重组，从而使读者能够最大限度地理解和领会译文。这个阶段的任务是从译入语中选择恰如其分的表达手段，把已经理解了的原文内容重述出来。如果说在理解阶段必须"钻进去"把原文内容吃透，那么在表达阶段就必须"跳出来"不受原文形式的束缚，而根据译入语的语法规律和习惯来表达。商务翻译的水平高低不仅取决于理解的深度，而且取决于对译入语的掌握程度。因此，理解正确并不等于表达一定正确。在表达阶段最重要的是表达手段的选择，也就是如何"跳出来"的问题，这是商务翻译技巧的问题，翻译的创造性也就体现在这里。在正确理解原文的基础上，同一个句子可能有几种不同的译法，但译文的质量并不相同。

对于一位优秀的译者来说，整个过程几乎是自动进行的，实际上就和我们使用母语一样。虽然上述基本过程可以分开来讨论，但如果认为译者是严格分三个步骤来进行操作的话，那就完全错了。水平高的译者会下意识地同步进行这三个步骤。他们用不着去考虑怎样把主动变为被动，把名词化的动词变为从句；在提到某一个人物的时候，也用不着去考虑是否需要把名词变成人称代词。译者如果经常不知道该如何重组译文的话，那他就还没有具备运用译语的必要能力，还不能承担翻译任务。

事实上，译者的理解与表达不是一次完成的，而是逐步深入，最后才达到完全理解和准确表达原文反映的客观现实。因此，翻译过程还应该包括校对和修改译文这一步骤。这对商务翻译尤为重要，因为它要求术语和数字等保持高度的精确，一字不慎，就可能铸成大错。

具体操作时，译者应该首先检查译文的拼写、标点符号和格式。有些译者认为，对译文上述三个方面的检查可以合并起来一次完成，这种看法是错误的，因为一心不能二用，按照拼写、标点符号和格式，分三次逐一检查才能较好地保证译文的质量。此外，对译文内容和文体的检查也应该分别进行。译者要认真检查译文内容，特别注重译文的准确性和连贯性，删除不必要的增补词语和补充初稿中的疏漏，并对照原文内容做进一步的核对。检查时，特别要注意关键概念在翻译上的一致性，使译文节奏流畅，并从文体上检查译文，使之合乎译入语规范，这一步骤应该反复进行多次。朗读译文是一个非常重要的办法，因为听觉对连贯性和节奏感方面比视觉要敏锐得多。

过去，除了译者自己的检查之外，译文的检验大都是指定一名懂得源语和译语的人进行原文和译文的比较，测定译文与原文的对应程度。这个方法的缺点是，这位懂得双语的鉴定人可能已经熟悉文本和内容的类型，用不着下多大工夫就能理解译文。因此，对译文进行正确的评估，只能是通过检测只懂译语的读者代表的反应来实现。

要有效地检测译文，可以邀请几位读者代表朗读译文，仔细分析朗读者的面部表情，还可以请听过译文朗读的人向没有听过朗读的人讲述内容或进行填空检测。具体操作为：请几位译入语水平高的人为包括译者在内的一些人朗读几遍译文，译者可以先仔细观察别人朗读译文时的面部表情，尤其是他们的眼神，因为表情和眼神能够反映他们对译文内容和形式的理解和领会的程度，例如朗读者是否认为译文难度太大、无法朗读，是否读错了译文，是否对译文的内容感兴趣。然后，译者可以一边看稿子，一边标记别人读得不顺口、停顿不当、读错、重复及语调把握不定的地方。倘若发现两个或更多的人在同个地方出现问题，那就需要仔细修改译文。虽然，这种检测方法不能告诉译者如何修改译文，但能够帮助译者确定需要修改的地方。通常情况下，以下几个原因可能导致上述问题的出现：高层次的或偏僻的词汇，并列的词汇中辅音群发音浊重，过渡词缺乏，表示疑问、命令、讽刺、反语和省略的标记词缺失或糟糕的句法。

除上述方法外，还可以请听过译文朗读的人向没有听过朗读的人讲述内容。倘若有两个或更多的人犯理解上的错误，那就需要修改译文，除非原文故意做了模糊处理。而进行填空检测法时，可以在每四个词后面留一处空格，请人根据上下文要求填入恰当的词，再测出在至少五十个空格里能够填对的词语数量，这项数据能有效地测定译文的可读性和可理解的程度。同时，也可以在每九个词里面留一处空格，请人朗读译文，再计算朗读者填错的词语数量，进行修改。

当然，与上述方法相比，听取有经验的译者或业内专家的意见可能更好。因为前者知晓翻译的基本原则，懂得语言艺术，后者对本行业了如指掌。

总之，透彻的理解是准确表达的前提，而通过表达又能达到更透彻的理解。这就是理解与表达的辩证关系。理解和表达的统一过程也就是翻译的全过程。

此外，由于商务翻译的特殊性，译者往往被要求尽快脱稿。经验丰富的译者通常会把几个翻译的步骤合并在一起。但还是应该先拿出一个在文体上符合要求的译稿，然后按正字法、译文的准确性和连贯性等进行校审。切不可逐词翻译，交差了事。

有时候，因为时间紧迫，贸易公司可能要求开展小组翻译。在这种情况下，通常由一位译者负责初稿，然后由另一位或几位译者进行校订，也可能由每个成员负责翻译不同的部分，然后互相阅读其他成员的译稿并提出意见，讨论不同看法，统一意见。翻译小组一般都安排一名经验丰富的组长，遇有特殊问题，可以直接请教。不管是个人承担翻译工作，还是由小组共同合作，商务翻译者必须拥有大量的词典、百科全书和完备的词库。即使没有做翻译工作时，也应该经常翻阅、查阅，为以后的翻译工作做更充足的准备。

二、译者应具备的能力

（一）扎实的英汉语言功底

虽然商务英语翻译不像文艺作品翻译一样讲求文采、韵味、修辞等，但要使译文既忠实、准确、专业地反映原文主旨和内容，又能通顺地表达出来，没有扎实的英语和汉语语言功底是不行的。在英汉翻译过程中，如果对原文理解不准确，则英语译文必然会出现问题；如果只是对原文理解清晰，而汉语表述不准确或不清晰，同样难以完成翻译任务。所以译者不但要努力学习英语，也要加强对汉语的学习。

（二）丰富的商务专业知识储备

商务交往涉及的商务活动多种多样，包括日常事务中的电话预约、接回电话、备忘录、商业信函、下订单、接待客户、个人介绍、谈判、会议、业务陈述、数据处理、技术、财务、营销、销售、雇佣管理等。这就要求译者必须具备丰富的商务专业知识，熟悉各领域常出现的专业术语，把握商务英语语言的特点，遵循准确严谨、规范统一的翻译原则。

（三）双语文化能力

尤金·奈达指出，"翻译是两种文化之间的交流。对于真正成功的翻译而言，熟悉两种文化甚至比掌握两种语言更重要"。文化对于翻译来说，常常是高于语言自身层面的，商务英语翻译也不例外。注重英汉两种文化的差异，才能确保商务活动的顺利进行和商务目的的有效达成。译者要熟悉中西文化差异以及其在词汇意义与形式、句法组织、语篇组织模式、修辞方式上的体现，并掌握处理文化差异的宏观与微观策略。

（四）跨文化知识储备

在语际翻译中，译者的文化背景影响对原文的理解，制约译文的重构。国际商务交流的表层是贸易往来，深层是文化交流。商务英语翻译要求译者对两个国家的历史、文化有较全面、深刻的把握。只有这样，译者才能够立足于原文语境，准确把握文化内涵意义，深入理解原作，作出忠实于原文的译文。

不同的民族，不同的历史，造就不同的文化。不同的语言有不同的表达习惯和个性化的词汇体系。如，英汉语的称谓文化差异明显。汉语称谓体系讲究辈分，重性别，区分血缘关系，而英文则正相反，强调平等，指称宽泛。古汉语常用"敝人、在下、足下"，而对方则尊称"贵方、尊驾、阁下"等，现在仍有"您"这样的尊称，港台地区甚至仍沿用古雅尊称；而英语在称谓语上除了少数皇室贵族外，是没有地位之分的，在商务场合尤其不加以区分。

第四节　商务英语翻译研究的现状

随着我国改革开放的深入展开，特别是进入21世纪，我国加入WTO之后，我国已成为世界第二大经济体，外汇储备世界第一，国内生产总值（GDP）世界第二，进出口总额世界第三。在这一进程中，商务外语能力成为国家发展不可或缺的核心竞争力之一，商务外语遇到了难得的发展机遇期，而商务翻译则在其中发挥了重要的作用。各类经贸文件和商用材料的翻译与日俱增，商务翻译在整个翻译产业链中的比重大大提高，各种材料、广告等的翻译层出不穷，对商务英语研究的文章也不断涌现。研究商务英语翻译主要有四个视角：一是翻译实践交流；二是评论性翻译研究；三是对翻译过程的研究；四是从社会文化角度展开商务翻译研究。商务翻译不仅涉及语言问题，更涉及经济问题和利益。总的来说，目前我国国际商务英语翻译现状良好。围绕国际商务所做的对外宣传，把我国以及我国的公司、企业及其生产的产品在国外的形象树立起来，我国有今天喜人的经济贸易形势，国际商务翻译功不可没。随着时代的变化，翻译不再只是一种非常个人化的行为或活动。随着电脑、互联网、翻译软件等科技新技术的不断涌现，一项翻译工作，特别是商务翻译工作，可能需要好几个人甚至一群人一起借助互联网，借助翻译软件才能完成。就像谢天振所言，我们今天的翻译已经从"书房"进入"作坊"。据美国权威机构对世界翻译市场的调查显示，翻译市场的规模在2005年达到227亿美元，而中国就达到200亿元人民币。相对而言，发达国家和地区在翻译服务贸易中拥有绝对优势，其优势来源于四个方面：服务业的整体发达、成熟的行业管理经验、高科技的配合和开放的金融体系。基于这些优势，发达国家出口的是高附加值的语言服务，而发展中国家和地区并不缺乏翻译人才，但在质量管理、科技手段、外币汇兑和结算方面通常会存在一些问题。

一般来说，在我国，从事国际商务翻译的人员主要有公司、企业的专职翻译员工，公司、企业的员工兼职翻译，来自各行各业的翻译公司的翻译人员、业余翻译人员、院校教师、研究生、大学生、国家涉外机构人员等。相对而言，我国的商务翻译与国外的商务翻译还存在些许差距。

从专业发展上看，商务英语人才培养在我国尽管已有大半个世纪的历史，但商务英语专业2007年才获教育部批准设立，作为目录外开始招生。2011年，教育部修订本科专业目录，正式将商务英语收入基本目录。许多高校设有商务英语专业硕士点，对外经济贸易大学等还招收商务英语研究专业和商务翻译研究专业博士。商务英语研究专业主要研究商务语言理论与应用，如ESP理论与实践、商务话语分析、法律语言、金融英语、财经新闻英语、电子商务英语、语言经济学、商务外语教育学、外语产业经济学、商务英语写作、商务英语测试学、商务英语辞典编纂、机辅商务外语教学等。商务翻译研究专业则主要研究商务翻译理论与实践，如商务口译、商务翻译理论、商务经典翻译、WTO法律文献翻译、中华文化经典外译、翻译企业与项目管理等。

一、翻译不规范

这种现象的存在，除了翻译人员水平不理想外，也有翻译人员缺乏专业精神或翻译技巧的原因。此外，在翻译标准上翻译人员没有达成共识，翻译时我行我素，其结果就出现翻译上的不统一。

二、翻译人员素质不甚理想

一个合格的商务翻译者不仅要有扎实的语言功底，还必须非常熟悉相关的专业或行业。例如，翻译合同、投标书等具有法律意义文件的人必须对法律有所了解，熟悉法律、法规相关的术语表达、惯用语、固定句型等；否则，要翻译好合同、投标书是不大可能的。尽管在我国大力发展MTI的前提下，我国的商务翻译有了不少起色，但和现实的差距还是比较明显。

三、语言与技术的合成和服务管理存在问题

部分公司、企业为了省钱，请一些水平低、专业素质不过硬的人员翻译，结果可想而知，让企业和公司形象大打折扣。更有甚者，直接用翻译软件进行机器翻译，翻译出来的效果让人啼笑皆非，贻笑大方，更谈不上通过服务管理让翻译的材料实现增值。翻译的质量和监控需设立相应的机构进行规范和管理。

四、商务翻译研究存在重复劳动现象

商务翻译研究存在重复劳动现象，不够深入，不精，不成体系，需在理论提升上寻找突破口。从查询的资料来看，商务翻译除了应用性的翻译资料、文档之外，对翻译研究主要集中在广告、商标研究，语料陈旧，存在较明显的重复现象，缺乏新意和创造性。而对于涉外保险、运输、国际金融、WTO文献等方面的翻译研究较少，理论应用不够深入，有些商务翻译研究如语料库与商务英语翻译，WTO或国际公约文献疑难及歧义性长句的翻译策略等研究还很缺乏，甚至没有。

第四章 商务英语翻译的创新研究

第一节 东西方文化差异与商务英语翻译

商务英语翻译离不开商务活动，商务活动蕴含着丰富的文化、商务传统习俗和商务礼仪等。由于以英语和汉语为母语的国家有着不同的文化背景，造成了人们生活习惯、思维方式、对事物的爱好以及语言表达方式等方面的明显差别，本节从东西方文化差异的角度出发，探讨了商务英语翻译中的东西方文化差异对商务英语翻译产生的影响。

随着对外经济和国际贸易的发展，不同文化之间的商务活动越来越多，商务英语翻译扮演着不可或缺的角色。商务活动和经济利益关系密切，如果翻译得体，会带来巨大的经济效益；而不成功的翻译，不仅会给企业带来重大的经济损失，还会直接影响企业的形象，因此翻译的准确性、得体性在商务英语翻译中显得尤为重要。东西方国家由于文化的差异，人们在思维方式、风俗习惯等方面都存在着一定的不同，从而对商务英语翻译造成很大的影响。

随着经济贸易全球化的发展，世界各国不同文化之间的经贸合作和交流也逐渐增多，商务英语作为不同文化和语言的沟通桥梁，成为一门新型的、综合性专业学科。商务英语属于专门用途英语，专门用于不同文化和语言的商务活动中，因为商务英语是普通英语的延伸，因此，其语言学特征和普通英语没有太大区别，但商务英语同时又涵盖商务知识，因此又具有特殊性。

商务英语是人们在不同文化和语言背景下进行商务活动时所使用的国际通用语言。早在20世纪80年代的中国，商务英语主要用于对外贸易，因此又称外贸英语。随着经济全球化的发展，我国在更多的领域融入国际社会，商务英语的内涵义也得到了扩展。

商务英语顾名思义，包含商务活动和英语两个方面。商务英语是在跨国商务活动中使用的语言，语言交际有其特定的语境，是一种专门用途英语，主要为跨国商务活动服务。商务英语多使用在跨国商务中，是跨国公司和企业用于沟通和交流的语言，和商务礼仪、行业惯例、民族文化风俗有着密切关系。

1997年，英国有关商务英语方面的专家 Nick Brieger 提出了"商务英语范畴"理论，在他看来，商务英语包括语言学知识、沟通交际技能、相关专业知识、管理技能和民族文化背景等内容。商务英语的重要组成要素包括语言能力和沟通交际能力。首先，语言能力是交际能力的基础。其次，商务背景决定了该语境中需要运用的交际能力。翻译商务英语时，必须了解和掌握商务背景知识和专业术语，因为有些我们熟悉的词汇在商务背景下有特殊的含义。

同时，参与商务活动还应具有较强的跨文化意识。商务英语翻译不只是不同文化背景下语言之间的转换，也是不同文化信息之间的沟通和交流。所以，商务英语翻译工作者，除了熟练运用语言外，还要熟悉英美国家的文化背景、风俗习惯，这样才可避免在商务活动中和不熟悉的人打交道时造成失误。王佐良先生也曾指出："不了解语言中的文化，谁也无法真正掌握语言。"翻译是用语言来反映文化，承载着丰厚的文化内涵，并受文化的制约。语言用于交际，便存在着对文化内涵的理解和传达，这不仅要求译者熟练掌握源出语和目的语，还要对东西方的文化差异有一定的了解，以便在跨国商务活动中游刃有余。

一、中西方文化差异形成的主要因素

（一）颜色的文化差异

不同民族文化对于颜色的理解往往存在着很大的差异。在中国，红色代表喜庆，往往和纪念日、庆祝活动、节日或喜庆的日子有关，把热闹兴旺叫作"红火"，把成功、顺利叫作"走红"，分到合伙经营利润叫"分红"，发奖金叫"发红包"，把漂亮的女子叫作"红颜"。而在西方文化中，红色(red)一词，往往让人联想起"暴力""血腥"。比如 red revenge(血腥复仇)，red flag(危险信号旗)，red alert(红色警报，紧急警报)。虽然 red 也有喜庆的意思，比如 "roll out the red carpet for sb."，意思是"铺开红地毯欢迎某人"，但这也得益于东西方文化的融合，其褒义也是从远东经波斯传入西方的。

在中国的传统文化里，白色与红色相反，是人们忌讳的颜色。白色是枯竭和萧条、没有生命力的表现，象征着死亡，是凶兆，白色容易让人联想到死亡。在西方的文化里，白色没有这么丰富的象征和衍生含义。西方人认为白色代表高雅纯洁，所以西方人崇尚白色。例如：white lie(善意的谎言)，white soul(纯洁的心灵)，white man(廉洁、诚实的人)，white spirit(正直的人)。

（二）数字的文化差异

在商务英语翻译中，中西方对数字的含义有着不同的认识。在中国的传统文化里，"九"是大家所喜欢的数字，是个吉祥数字，代表天长地久、吉祥如意。如我国的知名企业——"九九九药业"，如此命名希望事业长久。在中国，"八"也是个吉祥数字，尤其是在商界颇受欢迎，它和"发"谐音，代表"发财""生意兴隆"，是人们喜欢的数字。而"四"这个数字则和"死"谐音，中国人忌讳谈"死"，"四"被认为是个不吉利的数字。比如知名品牌"Goldlion"，一开始译为"金狮"，但"狮"和"死"谐音，销量不好，后来改译为"金利来"，销量大增。在西方国家，"十三""三"不受欢迎，因为大家认为这是极不吉利的数字,他们比较喜欢"7"这个数字,认为这个数字是大吉大利、积极向上的象征,知名品牌 Mild Seven、7-Eleven(连锁店)、7-Up(七喜饮料)中都有七。

二、东西方文化差异对商务英语翻译的影响

美国著名的翻译家 Eugene A.Nida 认为,在翻译时要考虑不同民族文化的对等,应该把源出语文化背景下的语言转换成目的语文化背景下的语言。

(一)标识语的翻译

标识语往往简洁凝练,力求在极短时间内让读者获取必需的信息,因此,标识语的翻译不仅仅是简单的语言转换,译者在翻译标识语时既要考虑到简洁的语言特点,又要考虑到不同文化背景下标识语在语言表达上的差异。如"济南是我家,清洁靠大家",被译为"Jinan is our home, its cleanness depends on all of us",从字面上来看,该译文忠实于原文,没有不妥之处,但是该译文很明显是按照汉语的表达习惯翻译的,内容啰唆,不够简洁,不符合标识语的特点,所以应改译为"Keep Our City Clean"。如"注意安全,请勿攀爬单边墙"译为"Pay attention to your safety, don't climb the single wall",就不贴切,该译文没有考虑到英语的表达习惯,也不够简洁,而应简化为"No Climbing"。

(二)商标的翻译

商标是用于区别于其他商品的标记,是商品信息的载体,消费者往往通过商标来了解商品的属性。因此,在对外贸易中,商标翻译的好坏影响着商品能否顺利打入国际市场。由于风俗习惯和文化传统的差异,不同国家的人们对于商品标识的理解大不相同,所以,译者在翻译时要深谙中西方文化差异。例如:德国汽车品牌"Benz"最初打入中国市场时译为"笨斯",销量惨淡,因为"笨斯"和"笨死"谐音,后改译为"奔驰",成功打入中国市场。中国羽绒服品牌"鸭鸭"在打入国际市场时,一开始翻译为"Duck",因为西方人认为鸭子呆笨,联想穿上该品牌的羽绒服也会有臃肿呆笨的感觉,所以该品牌在西方销量不高,后来音译为"Ya Ya",该翻译朗朗上口,简洁易记,该品牌很快也受到人们的青睐,成功打入国际市场。

(三)广告语的翻译

广告的目的是向公众推介某种商品和服务,其主要功能是劝说,以此来诱导说服消费群体,因此,翻译国际性商品广告时应充分考虑到产品销售对象的语言习惯、文化沉淀,以便更好地推销商品或服务。例如:"要买房,到建行"译为"Wanna a house of your own?Buy one with our loan",因为该广告是为银行信贷服务而宣传,鼓励大家去建行贷款买房,因而不能直译为"Buy a house in our bank"。"食在广州"译为"East or west, the Guangzhou cuisine is best.",因为该广告是想为广州的美食做宣传,鼓励大家去广州品尝美食,因而不能直译为"Eating in Guangzhou"。

随着我国对外贸易的发展，越来越多的国产商品正在打入不同文化背景下的国际市场，同时，也有越来越多的西方品牌打入中国市场，由于不同的文化背景、风俗习惯，因此，译者在进行商务英语翻译时，要充分考虑东西方文化差异给商务英语翻译带来的影响。想要确保商务英语翻译的准确性，就要重视东西方不同民族文化背景的影响，作为翻译工作者，不仅要熟练掌握源出语和目的语的语言学基础知识，还要了解其民族发展、历史文化，提高自身的文化修养，这样才能从跨文化的角度进行准确的翻译。只有这样，才能使不同文化背景下的商务活动顺利进行。总而言之，随着经济全球化的发展，不同文化背景下的国际商务活动也越来越频繁。为了在国际商务活动中进行自如贴切的双语转换，有必要了解东西方文化的差异并重视东西方文化差异对商务英语翻译的影响，以期获得最大的经济效益。

第二节 跨文化视角下的商务英语翻译对等功能

商务英语翻译既是文本信息传递，也是一种跨文化交际。由于中西文化差异性，商务英语翻译难免存在信息传递的不准确性和信息不等值。美国著名翻译理论学家尤金·奈达提出的功能对等理论，强调从语义到语体文本信息传递的准确性、译文与源语文化的信息动态等值，使原文与译文形成相同的超语言交际效果。本节探讨了跨文化视角下的商务英语翻译对等功能，分析了功能对等理论在跨文化视角下商务英语翻译中的具体应用。

随着世界经济的发展不断走向全球化格局、多元化方式，各国商务往来的频率愈加频繁，英语作为各国商务贸易的通用语言，在商务活动中的地位不容忽视，商务英语既是语言载体更是文化桥梁。然而，商务英语由于自身专业性、逻辑性、简明性、体裁特定性等特点，中西文化又存在跨文化因素的影响，对翻译具有更高的要求。商务英语翻译重在交际意图的达成，如何实现这一目的，必须对跨文化影响因素进行正确的认知，尤其是风俗习惯、语言规律和交际情境等，并坚持在对等功能理论的指导下，不一味地拘泥于原文形式，生搬硬套，才能确保翻译效果，实现信息等值。本节基于商务英语翻译实践，简述功能对等理论的基本内涵，分析影响商务英语翻译的文化因素，探讨跨文化视角下商务英语翻译功能对等理论的必要性，探索跨文化视角下商务英语翻译功能对等理论应用的具体措施，为增强跨文化视角下商务英语翻译译文的实际效果和信息传递的准确度提供参考。

一、功能对等理论的内涵

源语和目的语转化过程中的信息准确性和信息等值性是语言翻译实践中的核心问题，为实现译文语言从语义到文体再现源语的信息。美国著名翻译家及语言学家尤金·奈达在长期的翻译工作中，通过总结前人的翻译经验，并根据翻译的本质，探索提出"功能对等"

翻译理论，为语言翻译提供了一个标准，为提升语言翻译水平提供了全新的视角。何谓"功能对等"？顾名思义，就是说翻译时不求文字表面的死板对应，而要在两种语言间达成功能上的对等。奈达所强调的功能对等，主要涉及两个方面的内容：一是翻译形式的对等，主要通过在译文中改变原文的形式，达到再现原文语义和文化的目的，主要是要保持译文信息内容和源语信息内容的一致性，以此来从形式上消除文化的差异性；二是翻译信息的动态对等，主要包括词汇对等、句法对等、篇章对等、文体对等四个方面，解决了源语和目的语转换过程中的词汇意义、语义、风格和文体等方面的对等问题，并实现文化信息的深层次传递，在奈达看来，"意义是最重要的，形式其次"，动态对等恰当是翻译信息意义层面的体现，确保了源语的意思在目的语的表达中得到充分展现。

事实上，在翻译实践中，翻译工作者很难实现从句型上解决文本信息传递的等值性。一些译者倾向于通过将源语的深层结构转换成目的语的表层结构或者翻译时文字表面的死板对应，解决读者的阅读困难问题，但却导致源语文本信息的失准，实际上并没有解决文化差异问题。奈达提出的"功能对等理论"，强调要把握好词汇对等、文体对等、篇章对等、问题对等这四个基础的动态对等，从语义到文体层面来处理好文化差异问题，最终实现译文从语言形式到文化内涵都再现了源语的风格和意义，达成文本信息和文化内涵的准确和等值传达，创造出既符合原文语义又体现原文文化特色的译作。

二、影响商务英语翻译的文化因素

商务英语（Business English）作为国际商务交流的核心工具，是专门用途英语（English for special purpose）之一。在世界经济全球化、一体化视角下，商务英语被广泛应用于商务环境和商务活动中，从某种程度上决定着各种经贸合作的顺利开展。商务英语具有专业性强、句式结构复杂、文体格式化等特点，如 balance（剩余货物），losing party（败诉方），backfill（回填），等等，都是非常专业的用语，在商务活动中产生的各类商务合同、外贸函电、法律条文等都具有极强的文体正式性、规范化，对商务英语翻译产生一定的影响。更为严重的是，由于中西文化之间的差异性，包括语言环境、风俗习惯和表达方式等，对国际商务英语交流的信息对等、翻译的准确性的影响不言而喻，为了避免贸易双方产生歧义和误解，必须要对中西文化的跨文化差异进行深入剖析。

语言表达方面的差异性。思想是行动的指南，语言是思想的外衣，是人类最重要的交际工具，是人们进行沟通交流的各种表达符号。语言具有深刻的文化烙印，由于社会文化的迁移和发展，不同地域人群的语言表达方式随之拓展、转化，深深体现着文化的差异性，并且距离越远差异性越大。就中西方人群的语言表达方式而言，中国人的思维模式表现为螺旋形，即在表达中"话里有话"，一些话语具有多种意思，需要结合具体的语境来理解，表达时不是直入主题，而是先进行铺垫，将重点内容放在后面。西方人则不同，一般是直奔主题，有一说一，逻辑条理清晰，表达无须铺垫，将重点内容放在前面。因此，在商务交流中，假使不了解西方人的语言表达习惯，很有可能造成翻译信息缺失。

民族文化心理的差异性。共同文化心理是民族的基本特征，表现为同一民族的人群在长期共同生活中形成的稳固的心理定势。民族文化心理主要包括民族意识、民族感情和民族习惯等，不同民族的人群在民族文化心理上差异性明显。以中西方人群的民族文化心理为例，对同一事物的理解表现出较大的差异性。民族文化心理具有特殊性，不同的文化心理造成了生活、交际上的异质性，在商务活动中，必须要认清楚中西方在民族文化心理上的不同，才能确保翻译信息的正确传递。

地域生活环境的差异性。环境对人的性格有着潜移默化的影响，文化的差异与地域生活环境的异质性息息相关，这种差异表现得非常明显，比如在中国，北方寒冷，南方温暖，北方和南方人话语表达的方式就存在巨大的不同，北方人比较直爽，南方人比较委婉。那么，在中西方的维度上，西方人比较崇尚西风，因为欧洲大陆只有大西洋吹来的西风才能带来温暖，也因此形成了诸多关于"西风"的商业品牌；中国则不一样，西风不是带来温暖而是带来寒冷，其文化境遇是"古道西风瘦马，断肠人在天涯"，而东风则送温暖，所以，"东风"在中国具有很强的文化意义，"东风汽车"品牌就是一种体现。所以，在商务英语翻译中，必须要弄清楚地域生活环境的差异性，增强跨文化交流语言翻译的意识，促进商务交际更有效，更顺畅。

三、跨文化视角下商务英语翻译嵌入功能对等理论的必要性审视

国际商务活动通常是在跨文化背景之下展开的，不同的文化引发的语言表达、思维方式、文化心理和地域生活等方面的差异，要求进行商务英语翻译时，必须要具有跨文化意识，除了把控好商务英语的专业性之外，还要对所要涉及翻译文本的各国文化具有深入的了解，增强跨文化意识，才能实现翻译信息准确和等值。比如，在商务交流中，汉语经常把"龙头老大"作为某一行业的领军企业，是一种褒义的表达，但是，在西方文化语境中，"龙"是邪恶的，是贬义的表达语言，所以，在翻译时不能采用"直译"的方式，切勿将"龙头企业"直译成"dragon head corporation"，这样的翻译，必然引起对方的误解甚至排斥，极有可能导致商务活动的失败。

奈达的功能对等理论把翻译文本信息的意义对等放在首位，形式上的对等放在其次，这样的翻译，实现了源语的意义在目的语中的准确转化，带来了商务交流意义空间的统一性，消除了文化上的梗阻，确保了商务活动的顺畅进行。一般来说，商务英语翻译具有忠实（faithfulness）、准确（exactness）、统一（consistency）的原则，所谓"忠实"，强调的是要做到翻译信息等值，而不是追求语法和句子结构的一致性；所谓"准确"，强调的是译者在文本信息翻译中选词、概念表达、数字与单位要精确，注重译文的专业性；所谓"统一"，强调的是译文在译名、概念、术语应保持一致，避免误读，方便读者理解。从奈达的功能对等理论来看，不仅遵循商务英语翻译的三大原则，还消除商务活动中双方文化、

习俗等方面的差异，实现译文与源语表达的意义一致、内容一致，确保贸易双方获得对等的商务信息和数据，保证商务活动的顺畅，创造出贸易双方最大化利益。对于商务英语翻译人员而言，将功能对等理论应用于商务活动翻译中是尤为必要的。

四、跨文化视角下商务英语翻译功能对等理论的应用

从国际商务英语翻译的范畴来看，其主要涉及的内容包括商务合同、商务函电、商务广告商标等，跨文化视角下商务英语翻译功能对等理论的应用也将围绕这几个方面展开。

功能对等理论应用于商务英语合同翻译。商务合同是具有法律效力的文本类型，语言具有规范性、条理性、严密性和真实性等特点，同时，商务合同用语规范，专业性非常强，对译者的知识能力要求极高，假使翻译词不达意，极有可能造成贸易双方巨大的经济损失。对此，在翻译过程中，要求译者熟悉商务业务，尤其是对专业术语的全面掌握，并且要坚持商务英语翻译的准确性、专业性、灵活性和中立性原则，构成国际上可接受的一套公式化语言，才能实现商务合同信息的准确无误传递。功能对等理论应用于商务合同翻译中，可采用"直接转化"和"归化翻译"的策略，奈达提出，"如果直译能够实现文本的外延和内涵意义，那么就不需要归化了"，所以，在商务合同翻译中，经常性应用到"直接转化"的方式，比如：You can count that shipment will be effected according to the contract stipulation. 可以翻译为"您尽管放心，我们将会按照合同规定如期装船"，使译文准确地再现原文的意思。当然，使用"归化翻译"策略也是尤为重要的，并且要坚持在忠实原文主旨和正确理解专业术语的原则下应用，达到文体风格对等。

功能对等理论应用于商务英语书信翻译。商务书信是商务活动中信息交换和交流的重要手段，对商务信息传递、商务相关事宜处理和贸易双方之间联络具有非常重要的作用。可见，商务信函翻译是商务英语翻译的重要工作。基于商务信函专业性强、用语委婉、表达礼貌等特点，在应用功能对等理论时，必须要注重文化信息功能、文体风格的对等。比如，汉语文化在人文称谓时，习惯将男士放在前面，关于"Dear ladies and gentlemen"的翻译，就应该把男士放在前，译为"尊敬的先生们、女生们"，这样，就实现了内容的对等和意义的对等，避免了中西文化差异。此外，英汉语言都注重礼貌，但表达时各有不同，那么，在翻译时，应该要善于解决礼貌表达问题，实现文体风格上的对等。

功能对等理论在商务英语广告和商标翻译中的应用也较为广泛，在翻译中，要善于把握广告和商标内容的客观性和简洁性，不拘泥于英文自身的内涵，体现出功能对等理论中的功能平衡宗旨。可以考虑采用定向翻译的策略，但必须要规避跨文化差异，考虑读者信息的对等，比如在对"Nike"这一运动品牌进行翻译时，很多中国人不了解这一品牌是出于希腊神话的内涵，选择将其翻译为"耐克"不仅达到发音的对等，而且成功地表达商品"坚固，耐穿，攻克难关"的品质，完全契合中国人的文化意识和审美习惯。

总之，商务英语作为一门特殊用途的英语，具有其自身独特的语言特点：专业、简洁、精确、一致、严谨、规范、完整。这意味着商务英语翻译与一般的文学文本翻译存在较大

的区别。大量案例表明,功能对等理论在跨文化商务英语翻译中具有指导作用,能消除中西文化的差异,具体应用要坚持"忠实""准确""统一"的商务英语翻译原则,通过"直接转化"和"归化翻译"等策略,确保在源文本与译本之间实现最贴切的"对等",促进商务贸易活动的顺畅开展。

第三节　图式理论与商务英语翻译

当前,随着世界各国商业往来变得频繁,商务英语翻译在经济活动中的作用越来越重要。译者作为一座架起源语言与目标语言的桥梁,其"翻译能力"在语言运用和信息获取方面也变得愈加重要。图式理论(Schema)是认知心理学家用来解释人们理解某件事的心理过程,本节从图式理论的表现形式和功能来解释商务英语翻译的过程,译者只有充分激发大脑中的各种相关图式,发挥其认知能力,才能更好地为商务英语翻译服务。

翻译行为是获取信息的重要途径,如何高效、准确地获得商业信息在商业活动中尤为重要。在经济全球化的今天,几乎90%的人每天都在与商务英语打交道。由于商务英语翻译的特殊性,译者需要懂得商务方面的基础知识,熟悉其中的术语,又要用通顺流畅且得体的语言表达出来,难度可想而知。借助图式理论,译者能更好地理解商务英语的"名与实",从而做好源语言和目标语言的图式转换。

一、图式理论的发展

图式理论最早由德国心理学家、哲学家康德(Kant)提出,并解释"图式"理念的哲学内涵——在人脑中已经存在的概念与认知概念的联系。他认为当人们在理解新事物的时候,需要将新事物与已知的概念、过去的经历和背景知识联系起来。对新事物的理解和解释取决于头脑中已经存在的图式,输入的信息必须与这些图式相吻合,如果大脑不具备相关的图式,或者虽然具备了相关图式,但由于种种原因未能激活它,那么就不能理解新事物。"图式"行为主要有两个原动力:概念驱动和数据驱动。概念驱动指一个"图式"可以激发多个"子图式",数据驱动指多个"子图式"触动某个"图式"。这两种形式都很好地帮助并促进人们的理解行为。因而可以说,图式理论对于人们理解某个概念是非常重要的。

二、图式理论与商务英语翻译

(一)商务英语翻译的特点

1.词汇特征

商务领域包括商业、营销、管理、旅游、后勤、国际经济法,等等,因此商务英语词汇非常丰富。其最突出的特点就是词汇的职业化程度高，有着相对狭窄的意思，比较职业化、技术化。一般英语翻译中有很多词语都会出现在商务英语翻译中，但加上商务语境之后意思和原来的意思大相径庭。例如："Average"基本意思是将几个东西加在一起得出总和再算平均，但"Average"在商务英语中表示"利润损失"；"commission"基本意思是一个有管理权利的官员的组织，通常用来指政府组织，但"commission"在商务英语中表示用来支付雇佣关系的佣金。这类的词汇还有很多。

此外，为了加快交易效率，节约时间，商务英语中还出现了许许多多的缩略词："Advertisement"被缩略为"AD"，"Bills of landing"被缩略成"B/L"。"CIF"表示cost, insurance和freight。这些缩略词在商务交易中经常被使用。

在商务英语翻译中有许多有着复杂句法结构的长句，有时甚至是一整段文字。如果没有分析清楚语法和句法结构，译者在翻译时将会感到理解有困难，翻译比较吃力。

2.结构特征

与一般英语语篇多样的形式不同，商务英语语篇的形式大多是固定的。商务英语语篇的种类大致相同，有着很好的逻辑和连贯性。合理的逻辑包括合理的句子结构以及合理的段落、文章思想。良好的连贯性包括句与句、段与段之间的连贯。商务英语语篇有着复杂的结构和严密的逻辑结构。因此，在翻译商务英语时，译者不应局限于字、词、句，而应该关注句法结构和逻辑思想，这样才能够快速抓取有用信息，提高翻译速度。

（二）图式理论在商务英语翻译中的作用

了解了商务英语的特征之后，可以通过图式理论来解决翻译中遇到的困难。从图式理论的角度看，商务英语译者必须建立相应的语言、内容图式才能搞好商务英语翻译工作。图式理论在商务英语翻译中主要有以下三个作用：

信息处理。"图式"是大脑中已有的知识，在翻译时这些知识能够将译者的注意力转移到熟悉的信息上，理解的过程就是脑中已有的信息和文本中新信息交互的过程。当译者将先前的"图式"和文本信息联系在一起的时候，他就能理解其中的意思。当译者接收新信息后，这些新信息将会搜索图式中相关的点，译者将根据翻译的要求自主识别、重组这些相关的图式来获得新信息的内涵。反之，译者没有和文本相关联的"图式"则不能理解文本。如果译者脑中相关的"图式"足够，但是文本提供的新信息不足，亦不能理解文本。当译者对商务英语翻译有一定的基础认识，这些认识将以"图式"的形式储存在于大脑中，等到接收到相关新信息才被激活。

记忆力提升。大脑的运作方式非常复杂，接收到一个命令之后，两个神经组就开始高速运作了。一个接收、处理新信息，另一个存储相关信息完成命令。换言之，理解的过程就是语言知识和图式知识的相互配合的过程。本节已经阐述了图式理论在处理信息时的作用，当译者在处理信息时，脑中的"图式"会使其注意力关注于重要的信息上，也能够帮助记忆这些重要信息。之后这些信息将被加到之前相关的图式中，从而增强这一方面的图式，也增加了子图式间的联系。通过这种方法，记忆力也就得到了增强。

理解力增强。理解不仅依赖于文本传递的信息，还依赖于译者的背景知识。例如，受教育程度、文化背景、人生经历、艺术爱好，等等。假设一个没有商科背景的人阅读商务英语，就算查阅所有的单词，分析语法结构也很难理解文章。相反有着商科背景的人就算在词汇或语法上有问题，也可以推测文章的意思，从而读懂文章，这一推理的过程就是"图式"运作的过程。从某种程度上说，"图式"可以被理解为背景知识。在翻译前，译者需要广泛浏览商务英语文本，了解相关背景知识。根据文中的语言知识，译者能够在背景知识的帮助下分析并推测文章意思。我们可以发现，在翻译的整个过程中，"图式"扮演着非常重要的角色。

图式理论自问世后就被应用于外语阅读教学中，现在在翻译领域也已得到评论家的注意。本节通过探讨图式理论中语言、内容、结构图式与商务英语翻译的关系，提出了商务英语翻译教学中应加强国际商务知识、商务专用术语和套语以及商务英语结构的教学。图式对商务翻译者是否能出色地发挥其中介作用、使译文最大限度地表达原文的内容，具有不可小觑的影响。因此，商务英语译者应常常扩充自己的知识，丰富自身的图式，方可产出优秀的译文。

第四节 电子商务英语翻译探究

当前，电子商务在社会发展中的地位不断提升，电子商务的快速发展极大地改变了人们的社会生产和生活方式，促进人们的消费和金融理财方式改变，而要推动电子商务的国际化发展，必须要有发展的全球观，强化电子商务在不同国家和领域的应用，对此，电子商务行业对于高素质的语言人才需求旺盛。电子商务专业学生要提升自身的竞争力，也需要不断强化英语水平，这样才能在未来的电子商务岗位中更好地实现自身的价值，促进职业发展和优化。对此，本节主要介绍了电子商务英语翻译特征，分析电子商务英语翻译教学中存在的突出问题，并重点探究电子商务英语翻译教学的有效实现路径，为促进电子商务人才培养提供一些参考思路。

当前，互联网快速发展，经济全球化已经发展成为必然趋势，针对国际电子商务贸易的发展，我国提出了要培养更多的复合型语言人才的战略目标，这进一步推动了电子商务英语的教学发展。作为电子商务英语教学中的重要课程，电子商务英语翻译和相关的电子商务交易活动之间有密切关联，提升电子商务英语翻译水平，对于促进电子商务教育发展具有重要意义，而要实现这一目标，必须要重视电子商务英语翻译教学实践工作的开展，保证电子商务英语翻译教学工作有效开展。

一、电子商务英语翻译特征

(一)专业性强

电子商务快速发展,加之全球化进程加快,国际电子商务事业也快速发展起来,需要更多的具有一定国际交际能力的电子商务翻译人才。就电子商务英语来看,其包含的内容比较多样化,是一门专业性比较强的学科,要想切实提升电子商务英语水平,需要强化相关英语专业词汇掌握,能够熟练应用一些专业词汇和技术语言等。且电子商务英语中的语言应用在一定程度上需要和普通英语进行区分,一些普通英语交际中的词汇在电子商务英语翻译中可能有其他的意思,还有很多相关电子商务业务中的专业术语,等等,这些都对翻译人才的专业性要求比较高,需要人才有一定的知识储备,对相关方面有一定的了解和研习,具备扎实的电子商务英语基础,为相关国际电子商务工作提供有效支持。

(二)精准性高

在电子商务英语翻译中,对相关国际化电子商务文件的翻译,要求完全精准,翻译的意思理解起来不能模棱两可,必须要具有一定的专业性和准确性。一般这类翻译文件的语言表达需要保证严谨性,不能掺杂个人情感和主观意见,保证翻译的客观精准。在具体的电子商务英语翻译工作中,需要保证文件翻译内容和实际意思完全一致,不需要多余的点缀和修饰,精准即可,避免导致误解和理解上的偏差。这就需要相关翻译人员在翻译的过程中,能够保证语言和词汇表达应用准确,保证整体的意思表达精准到位。在具体的翻译过程中,还需要遵循一定的商务原则和谈判礼节,而对于对方提出的建议一般采用被动时态或是将来语态进行表述,针对一些建议的提出也需要保持礼貌谦虚的态度,避免造成对对方的不尊重。

(三)缩略词汇使用频率高

在电子商务英语翻译中,因为很多词汇都是相关电子商务领域的专有词汇,所以相关的专业术语、专有名词等都可能存在相应的缩略形式,这时候在一个文件的翻译中,可以首次针对这些词汇进行完全呈现,在后续的翻译中,则需要适当进行缩减,使用缩略词或者是简称的方式来表述,避免重复引起的烦琐。这种翻译也能够保证表达效率的提升,帮助理解,对此,相关翻译人员也需要掌握更多的专有词汇的缩略形式表达和应用,做好基础性准备工作。

二、电子商务英语翻译教学现状

(一)教学专业性不强,人才培养和市场脱节

目前,很多高校、高职院校中都开设了电子商务英语专业,就其翻译教学来看,相关的教学内容专业性不强,电子商务英语翻译教学更多的是泛泛而谈,教学的内容宽而广,

针对性不强，针对电子商务英语翻译的教学内容，可能仅仅是组织学生对某次具体的电子商务会谈和谈判开展翻译，没有具体的为相应的行业进行课程教学设计，缺乏针对性的电子商务英语翻译教学，其培养出来的人才往往和市场需求相脱节，毕业生在毕业后想要从事相关的电子商务英语翻译工作，往往需要很长的时间来适应，而且这个过程也比较艰难，因为教师的教学内容和实际的工作需要关联不大，学生就业后需要学习的内容还有很多。一些人因为存在畏难情绪，只能选择放弃，重新投入其他行业，这样的人才培养和目前的电子商务英语人才市场发展是不相适应的，需要加快转变和调整。

（二）实践教学不足，人才语言实际应用能力不足

电子商务英语翻译对于人才的实践能力要求比较高，因为电子商务英语翻译人才很多是直接进行同声传译的，所以需要他们具备扎实的语言基础以及灵活的应变能力，这些能力是需要在相应的工作场合中进行锻炼的，需要通过积极开展电子商务英语翻译实践练习来获得的，而目前相关院校的电子商务英语翻译课程教学中，对于实践部分的教学工作开展严重不足，教学的重点主要放在学生对于英语语言基本功建设上，教师注重强化学生专业词汇积累，忽视学生实际的语言应用能力，导致学生虽然考试成绩优异，但是在实际的工作岗位中表现并不理想。

（三）缺乏优质的师资队伍，翻译教学质量有待提升

目前，在电子商务英语翻译教学中，相关的课程教师自身的电子商务英语翻译水平有限，大部分电子商务英语翻译教师自身并没有相关的工作经验和经历，因此，在电子商务英语翻译课程教学中，他们更多的是通过教材来按部就班的开展课程教学，在实际的教学过程中，忽视实践教学重要性，缺乏教学重点把握，这种情况下，电子商务英语翻译课程教学质量很难得到有效提升，对于电子商务英语翻译教学发展是非常不利的。

三、电子商务英语翻译教学对策

（一）做好市场调研，提升人才岗位适应性

中国跨境电商相对领域的人才缺口大，中国大学应届毕业生也存在专业知识不扎实、视野不宽、知识面窄、知识陈旧等不足之处。而在目前相关院校的电子商务人才培养中，对于电子商务英语翻译人才培养缺乏市场基础，对此，相关院校要做好市场调研工作，了解目前电子商务英语翻译人才的主要培养方向，进行指导教学实践，优化电子商务专业人才培养课程设置，保证电子商务英语翻译教学成效，提升未来毕业生的岗位适应性。

（二）强化实践教学，积极探索校企合作路径

为进一步提升电子商务英语翻译人才的语言实践应用能力，促进他们在未来的工作岗位中有更好的表现，相关院校要积极构建校企合作育人基地，为专业学生提供英语翻译实践学习的场所，营造良好的语言翻译学习环境，基地投入使用之后，相关电子商务专业可

以定期开展"全英语封闭式训练营",分批次在电子商务英语教学实训基地开展,实现真正的全英语封闭式教学。围绕英语教学实训基地的实践教学活动,对电子商务专业的课程设置、课程体系进行相应的调整,突出技能优先的"教学+训练"理念。英语教学实训基地不但是电子商务专业教学的校外实训基地,同时也是电子商务技能教导队的培养基地。经过基地的锻炼和培养,电子商务专业学生的技能将有所提升。除了开展电子商务专业的外语翻译教学工作外,商务英语教学实训基地还可以承担跨境电子商务、英语夏令营等社会服务工作。方便院校和专业开发跨境电子商务的运营,包括组建学生创业团队、跨境电子商务培训、项目开发等。通过有效的实践基地建设,促进学生语言实践应用能力不断提升。

(三)注重师资培养,提升教学质量

针对目前电子商务英语教学中师资水平不足问题,相关院校要完善电子商务英语翻译师资队伍建设,注重培养更多的优质教师,开展专业教师的培训教育工作,安排教师进入企业学习提升,不断强化电子商务英语翻译教学技能传授,促进电子商务英语翻译教学质量不断提升。

电子商务英语翻译人才是目前市场中的紧缺型人才,针对目前电子商务英语翻译教学现状,相关院校要强化专业人才培养工作,积极探索电子商务英语翻译教学改革和优化教学路径,切实提升人才培养质量。

第五节 论译者隐喻能力与商务英语翻译

商务英语是综合商务知识和技能、英语语言知识和跨文化交际知识的一种特殊的交际系统。要准确处理好商务英语中概念隐喻的翻译,要求译者除了具备最基本的翻译能力之外,还应该具备良好的隐喻能力。具体表现为以下四点:客观评估隐喻在商务英语翻译活动中的价值,敏锐提取语言符号中的概念意义,准确传递隐喻中的文化内涵以及合理实现隐喻中的概念整合。

商务英语是实用性和专业性都很强的应用性语言,被广泛运用于各种商务活动中,是经济生活得以顺利进行的媒介和载体。近年来,随着全球化进程的日益加深以及我国对外开放程度的不断提高,商务英语翻译承担着越来越重要的任务。作为专门用途英语(English for Specific Purpose)的一个重要分支,商务英语虽然具有特定的内容和语用规则,却仍摆脱不了概念隐喻的时刻存在。通过认知语言学近几十年来的蓬勃发展,国内外学者对隐喻的多维研究已经使隐喻成功完成了从一种语言现象到一种认知现象的转变。如今的隐喻"不但渗透到语言里,也体现在思维和活动中。我们思维和行动的普通概念体系在本质上是隐喻性的。"隐喻思维在生活各个方面的渗透使得人们也会大量借用隐喻去描述、讨论

与经济有关的概念和事件。"可以毫不夸张地说，在专业领域中，隐喻也是人们赖以生存的思维方式和言说手段。"鉴于商务英语领域中隐喻的普遍性和复杂性，在商务活动中要正确理解和翻译商务英语，译者的隐喻能力将对翻译质量起到重要影响。

一、隐喻能力与翻译能力的关系

从认知隐喻学观点来看，隐喻的翻译过程实际上是一个从思维到语言的互动过程，并不仅仅是语言层面的符号转换过程。同时，翻译作为一种语际交流，它还是一个"文化移植"的过程。隐喻句可以反映出作者或说话者的思维方式、文化背景和生活经历等，在跨文化的翻译过程中，译者会经常遇到认知方式与语言形式矛盾或一致这两种情况，尤其是像英语和汉语这两种分属不同语系的语言，语言之间的差异反映了不同民族认知方式的差异，在翻译的过程中要求译者能够敏感地识别隐喻思维在概念结构维度上的差别，灵活切换，从而巧妙地克服隐喻化思维模式差异导致的交际障碍，这种能力归结起来就是译者的隐喻能力。"隐喻能力"的概念是由心理学家 Gardner 和 Johnson 首次提出的，他们认为，隐喻能力就是在目标语中通过隐喻性结构和其他认知机制对概念进行映射或编码的高级语言能力，此后，Littlemore 与 Low 对"隐喻能力"的内涵做了更为详尽、合理的探讨，他们将隐喻能力做了四个方面的区分："①使用隐喻的创造性，即创新隐喻的能力；②理解隐喻的熟练度，指理解一个隐喻的多层含义的能力；③理解新隐喻的能力，指正确理解'原创性'隐喻的能力；④理解隐喻的速度，指轻松、准确、及时理解隐喻的能力。"

另外，早在 20 世纪 90 年代末期，翻译研究从"文化转向"进入"认知转向"的时代，学术界纷纷从关联理论、认知语言学、认知心理学等角度对翻译进行了多维度、多层面的研究，Shreve 以认知心理学和海姆斯的交际能力理论为依据，将翻译能力定义为一套认知图式，可使译者在现实交际情境下对文化规约的翻译形式——功能集进行重新影射；Risku 基于认知科学和行为理论对翻译能力进行了跨学科研究，并对翻译能力认知观进行了创新性拓展，她认为翻译作为一种认知活动具有交互性、自我组织性和经验性，并将翻译能力定义为以新的、有意义的、情境化的方式产生理解并生成译文的能力。国内学者近年来也纷纷展开了大量的认知翻译研究。例如，苗菊提出的翻译能力包含认知能力、语言能力及交际能力，其中"认知能力主要是指思维能力，译者的认知能力在翻译活动中发挥了根本性作用"。王寅更是明确提出了认知语言学的翻译观，构建了认知翻译学的理论体系和框架。2010 年，Shreve 和 Angelone 编著出版了论文集《翻译与认识》(Translation and Cognition)，在该论文集中，Halverson 指出，"我们必须明确沿着认知理论向前发展翻译学"。西班牙翻译家 Martin 也持相同观点，直接提出"认知翻译学"(Cognitive Translatology)这一术语，并主张在该学科中尽快建立理论与实践之间的互动研究。近几年来，随着认知翻译学的进一步发展，人们更加确定了"认知是隐喻形成的基础，隐喻翻译应以认知为取向"的共识，译者的认知能力在很大程度上可以体现为译者的隐喻能力。

二、商务英语中概念隐喻的翻译

具体表现为以下三点:

(一)客观评估隐喻在商务英语翻译活动中的价值

隐喻从来不是单独成立的,它依赖于上下文所创造的语境。想要正确理解隐喻的含义以及产出合理的隐喻译文,就必须通过整个文本来评估隐喻翻译的价值。常见商务体裁的翻译专题,包括信函、广告、旅游文本、政府文件、合同、企业介绍与产品宣传类文本。文本因素往往是译者决定如何翻译隐喻的参照因素,没有文本的参照,翻译决策会没有把握,因此,具备良好隐喻能力的译者要对不同文本中的隐喻价值作出合理的评估,从而选择恰当的翻译策略。比如,"Our prices already make full allowance for large orders and, as I'm sure you know, we operate in a highly competitive market in which we have been forced to cut our prices to the minimum."这句话来自属于信息类文本的商务信函,其中"large orders"属于容器隐喻(orders are containers),"highly competitive"属于方位隐喻(more is high),"competitive market"属于结构隐喻(market is a war),这些概念隐喻以人们的基本感官和普遍经验为基础而生成,诱发它们的基础是无文化差异的,在文本中并不提供特别有意义的信息,所以,译者在翻译时可以不用给予过多关注,有时会很自然地将它们直译过来"我方报价已充分考虑到大宗订货的因素。相信贵方一定清楚,我方是在竞争十分激烈的市场上经营业务,迫于市场压力,我方已将价格降至最低"。但在广告和企业宣传等呼唤类或感染型的文本中,隐喻的价值就增大了,因为隐喻成了一种"夺目的"表达法,例如,这则广告"Is your money taking you where you want to go? Get there."中的隐喻是将投资当作旅程(investment is a journey),如果采取原文的思路将之翻译成"投资可以把你带到你想去的地方吗?"显然就太缺少对读者的感召力,具备良好隐喻能力的译者在这种情况下会果断摒弃这种直译法,采用另外一个全新的隐喻"阁下的投资有否更上一层楼?"这样一来,广告的吸引力立刻呈现,这样的翻译不但使文本内容变得新颖别致,还实现了功能等效。

(二)敏锐提取语言符号中的概念意义

译者良好的隐喻能力还包括对原语与译语词汇和语法的认知广度与深度。因为语言能够激发译者脑海中对于隐喻的想象并形成图像,译者能将这一图像用另一种语言转述出来。在认知隐喻理论中有一种意象隐喻(image metaphor),它是指抽象或具体的概念以一个整体的图像映射到另一个概念域中。比如"Our market has just suffered a massive heart attack, with over a trillion dollars of asset values destroyed in the past two weeks. Given the heightened risk of a fatal recurrence, things will never be the same. In the short run, we need emergency measures to calm the market."这句话一开始就有一个隐喻(heart attack),具备良好隐喻能力的译者可以很快地在自己的脑海中构建出一个画面,即 ECONOMY IS A PATIENT,由

于这个概念隐喻的诱发,就派生出了 a massive heart attack,a fatal recurrence,emergency measures 等。calm the markets 也是把经济体系中的市场当作人(MARKET IS A PERSON),而 destroyed 则是将经济体系中的财产当成物体,可以毁坏,就像毁坏一个花瓶一样。除了可以敏感识别商务英语中的概念隐喻,并通过语言符号提取正确的概念意义,具备良好隐喻能力的译者还能很好地利用语境信息和文中线索来进行合理推理,从而正确地理解隐喻文字背后的深层含义。例如,the auditing methods, once the lamb ducks of American accounting agencies, have been transformed thanks to the company's cooperation with Price water house. 根据字面意思,"lamb duck"是"一只瘸腿的鸭子",将这个短语放置到经济生活的语境中来,译者通过联想和类比,可以很快推断出"瘸腿的、行动不便的鸭子"与"遇到了困难、需要援助的企业"存在相似性,通过对译语的充分了解,译者辨认出了这个隐喻的话语信号,将之译成"审计方法一度是美国会计师事务所的软肋",这种敏感的隐喻识别能力和灵活地语言转换使得译文既严谨周密地忠实于原义,又生动形象地传达了相应的经济信息。

(三)准确传递隐喻中的文化内涵

隐喻是一个语言集团文化的沉淀,是反映认知方式和展现文化背景的重要语言工具,一些隐喻甚至只存在于某种文化体系中。因此隐喻翻译离不开对文化的理解和掌握。具备良好隐喻能力的译者能够关注原语及译语中的如文化、社会习俗、国家历史等各种因素,洞悉两种语言文化在认知中的异同和理据,从而避免翻译隐喻时的偏差和错误。商务英语中的部分隐喻在描述和解释商务、经济话题时会融入文化知识,例如,商务英语中有一种"Cinderella business"的表达,"Cinderella"是西方文化的象征,对它的理解就需要结合相关文学文化背景知识。有了对童话故事《灰姑娘》的阅读经历,译者就能理解 Cinderella 用于隐喻指代未获得应有关注的人或物。在商务语境下,公司一般会根据运营政策去关注主营业务,给予其更多的发展机会和资源,但是有些分支业务虽然有不错的发展前景却没能得到应有的重视,因此,拥有潜力却尚未获得关注的业务被比喻成 Cinderella business。另外,"lemon"在美国俚语中表示"次品"或"不中用的东西","lemon market"是1970年著名经济学家 Akerl 在其论文《"柠檬"市场:质量不确定性和市场机制》中率先提出的,但在中文里并没有"柠檬市场"的说法,面对这种情况,译者就应根据其文化内涵将之翻译为"次品市场"。文化因素是隐喻使用中连接交际双方的纽带和桥梁,面对商务英语中这些具有高度文化专属性的隐喻,具备良好隐喻能力的译者可以准确地在另一语言中找到对应的表达,从而顺利地实现跨文化交际。

(四)合理实现隐喻中的概念整合

不同的语言有不同的概念系统,隐喻正是这些概念系统的最佳体现。这些概念系统中有些部分是重合的,有些部分不重合。对于重合的部分,译者翻译时可以直接对应,对于不重合的部分,译者就必须进行概念系统的转换,这也是隐喻翻译的难处所在。具备良好隐喻能力的译者不但能够理解原文和译文的概念系统，还能够甄别两个概念系统之间的相同与相异之处并在二者之间作出灵活的整合。比如，根据人们对颜色的认知情感，在商务英语中，有一些用颜色来表达经济概念和事件的情况，例如，红色（red）在汉语中具有喜庆、吉祥、幸福的含义，在英语中"red"的情况却截然相反，它一般喻为危险、暴力及灾害等贬义。在商务英语里，红色的这种本义投射发展为债务、赤字和损失的意思。在经济报道中，红色的刺激、醒目让人有触目惊心的感觉，因此，所有损失都是用红色表示，例如"red figure""in the red""red balance""get into red"这些短语都表示赤字和损失。再比如，中国股市一片红是大涨，但美国股市一片红是惨跌，在美国大涨是绿色，恰好和中国相反。再来看看这样一则广告，"Father of All Sales—15% to 50% off"，在英语文化里，人们常用"父亲"(father)代称大河、大江，例如美国的密西西比河被称为"Father of the Waters"，英国的"泰晤士河"被称为"Father Thames"，因此，"father"作为源语空间与大江大河拥有共同的特征，父亲伟岸、豪迈的气魄与大河大江的宽广、磅礴形成跨空间映射，进一步在合成空间中形成了销售活动让利。这一广告正是利用了英语里"father"的这种独特文化内涵，译者在翻译时，必须舍弃原文的字面形式，采用释义的方法来传达原广告的信息，最终形成"特大甩卖，全场八五折到五折"的翻译。隐喻翻译的过程是一个动态的认知过程，需要译者不断地进行概念映射与概念整合，隐喻能力很弱的译者对源语概念系统和译语概念系统不熟悉，他在进行概念系统转化时便会遇到重重困难，最终使得翻译工作无法顺利进行。

总之，在商务英语概念隐喻的翻译过程中，译者"客观评估隐喻在翻译活动中的价值""敏锐提取语言符号中的概念意义""准确传递隐喻中的文化内涵""合理实现隐喻中的概念整合"，这些都是译者翻译能力的具体体现，对翻译质量也起着重大的影响。隐喻翻译是翻译的"高难度动作"，它既可以考验译者的语言水平，又能够检验译者跨文化的认知能力。一个优秀的翻译者应该是翻译隐喻的强者，从这一点来看，译者应该努力强化自身的隐喻能力，从识别隐喻到理解隐喻到评价隐喻再到创造隐喻，译者还有很多工作要做。

第六节　解构主义翻译观下商务英语翻译

商务英语的翻译工作，在更多的时候是关系到生意上的事，看上去更像是一种商业性的活动。而随着经济全球化的到来，这种商务英语的翻译活动也越来越被人们看重，这不仅是语言上的不同需要翻译，更多的是背后文化的不同，带来的交流障碍。而解构主义翻译在一定的程度上更新传统的翻译观念和标准，以科学化、多元性以及延展性等多角度去进行翻译。本节以商务英语翻译为基础进行解构主义翻译观下翻译工作的研究。

一、解构主义的定义

解构主义早在20世纪中期就被法国的哲学家雅克·德里达（Jacques Derrida）提出，在他的《语言与现象》《论文文学》等著作中进行了阐述，同时他也被誉为解构主义之父。解构主义在很多的方面如艺术、文学等领域都产生了极大的影响，再后来翻译也因解构主义而产生很大的影响。解构主义自产生之时，就一直被不同的声音所议论，它所倡导的是一种开放、多元的体制，在早期对于传统观念下的唯一真理性进行了彻底的否定。

二、解构主义的翻译标准

在解构主义的观念下，语言所代表的含义是可变的，语义和上下的衔接是模糊的、多变的，同时也是一个动态的过程。而我们所知道的词汇是有限的，语言所能表达的信息是无限的，因此，我们只能用有限的词汇来表达无限的含义。这种对语言新的定义对于传统的翻译来说，产生了极大的影响，传统的翻译在对原文进行翻译时，都是围绕着原文的中心要义和主题思想进行重现。而由于解构主义观念下的语言是多变的、多元的、开放的，因此，读者会对原文的语言进行自我的解读，这也可能会导致原文的中心要义不在，会产生一些新的看法，所以这个标准就不存在了。同时随着时代的发展和文化的进步，在不同的时期，译者会对原文产生新的认识，翻译出新的主题思想，而读者们也会重新发现新的含义。因此，在解构主义观念下，翻译的标准是不固定的，解构主义包含动态性、开放性等。

开放性。由于开放性，翻译者可以以时代背景、自我认识等来确立翻译的标准，而读者也同样会对文章产生自己的看法。这种是翻译者和读者都把自己作为主体进行了阅读的感受，同时也受到了多种因素的影响，如由于文化的不同以及宗教信仰的不同。因此，在解构主义下商务英语的翻译中，如在对商品商标的翻译中，商品的商标本身是为了体现商品以及企业是针对消费者精心设计的，有表达企业和商品的属性和增加购买欲提升企业形象等作用，所以在针对商品商标进行翻译时，需要充分地考虑解构主义观念，需要多角度地对商标进行解读和翻译，根据目标市场的文化和背景等因素进行综合的考虑和翻译，以此来达到最大化的作用效果。如很多的中国品牌的商标都是汉语拼音来代替的，如果这些企业需要走出国门到国外去，那么国外的消费者肯定是不能够理解其含义的，也不能明白其所要传达的意义，而国外的很多的企业商标都是采用英文缩写的形式，如奔驰汽车中车型后面的英文缩写SL级、CL级等，其中S代表sport（运动），L代表leicht（轻量化），C代表coupe（轿跑）等，所以企业要想更好地表达和传递商品的属性，就必须进行有效的商标翻译。

动态性。随着时代的发展以及文化的发展，原文中语言"所代表"的和"能代表"之间的界定也越来越松散。由于文化的差异和环境的差异以及这些因素的不断变化，他们所表达的含义是具有动态性的，是在不断改变的。因此，在国际商务英语的翻译工作中，我们需要特别的注意这些差异因素，根据各自的不同的背景和文化因素，找出其相同点进行切入。不管是中文商标翻译成英文商标，还是英文商标翻译成中文商标，我们需要考虑的是在翻译过后其还能否保留其动态性，商标在被翻译之后，消费者就会根据其商品形成一个固定的观念，如果企业在进行后期的发展中，想要进行全面的发展和涉及多个领域的话，那么这个商标将无法使用或达不到更好的效果，如 KFC 在汉化后被译为"肯德基"，在音译上是行得通的，但是其已经根深蒂固地被国人认为是快餐的代名词，那么这个商标也就无法进行其他行业领域的涉足，其适用的范围就已经决定了。而如 pepsi，虽然其作为饮料被人们所熟知，也可以理解为百事可乐。因此在进行商标的翻译时我们需要对商标所代表的商品以及其所联想的含义和以后的动态扩展性进行考虑。

三、解构主义翻译下商务英语的翻译策略

翻译的目的是让被译文和译文能在内容和传递的信息上以及文化和风格等因素上达到对等的状态。而在解构主义翻译下，可以让被译文和译文灵活地达到对等关系，这对商务英语的翻译来说是具有重要的指导意义的。译者在对原文有了文化等背景因素上的认识之后，再进行翻译时，可以更好地将原文的风格进行传递，因为原文语言的"所代表"和"能代表"在不同的背景之下有着不一样的含义，而在解构主义翻译背景下，译者可以灵活地使用不同的语言换个词汇来达到这种对等的关系。如在翻译"三角债务"时，直译的话是 triangle debts，而这里则是指多方的意思，所以应该译成 chain debts，这对读者来说会更加的易懂。

同时在商务英语的翻译中经常会遇到专业性词汇的翻译，大多都是复合词、普通词语的缩写等组成，如 FOB 是价格的常用术语，它包含了其特定的专业内容，如 Insurance Policy 应该译为保险单，而不是保险政策；Commission 应译为佣金，而不是委托等。

解构主义的观念极大地扩展了我们的视野，在商务英语的翻译上同样也是，能帮助译者多角度、全方位地对原文进行综合的考虑，并且利用更加贴近的方式把原文更好地传递过来。随着时代的发展和企业的发展，在商务英语的翻译上，解构主义能帮助商务英语翻译工作变得更加多元化，从而帮助商务活动能更好地达到预期的目的。

第五章　商务英语翻译教学的创新研究

第一节　期待视野下的商务英语翻译教学

作为接受美学理论核心概念的期待视野理论认为，作品只有读者进行具体阅读活动才能实现其价值和意义。读者拥有自己的阅读期待，这种阅读期待不断地调整、变化和发展。期待视野理论给商务英语翻译教学提供了全新的视角，为更新教育观念，提升教学效果，培养学生"三创"意识带来了诸多启迪。

一、接受美学

接受美学理论。20世纪60年代兴起的接受美学理论，是由德国学者姚斯等人提出的文学批评理论流派，它打破了注重作者和文本分析的传统文学理论，把焦点放到文学作品的接受者——读者身上。接受美学认为，未被阅读的作品是一种"可能的存在""一部文本"，存在大量"空缺"，只有读者的具体阅读活动才能填补这些"空缺"，从而完成从"文本"到"作品"的转化。读者在阅读过程中不是被动地接受文本而是主动参与作者的创作活动，读者的接受过程就是再创作文本的过程，从而确立读者主观能动参与的核心地位。

期待视野。"期待视野"是姚斯接受美学中的重要观点，它指的是读者在阅读理解之前对作品的一种心理趋向，就是所谓的期待视野，潜在地影响着读者对作品的接受度。由于每个读者的文化水平、人生经历、艺术修养、思想情操、审美情趣等存在差异以及读者阅读时的目标、动机、兴趣、问题等不尽相同，所以他们拥有各自不同的阅读期待，会对作品持有自己特有的理解。此外，读者的"期待视野"随着上述因素的变动调整而发展改变。

二、期待视野给商务英语翻译教学带来的启迪

翻译研究的发展与文学批评理论的发展息息相关。商务英语翻译教学从期待视野理论中得到重大启发。

翻译教学实践基于期待视野。在阅读文本之前，读者内心都会有某种期待，期待某些信息的获得或期待某些审美情趣的获得。在翻译实践中，学生对文本的阅读是基于特定的文化素养、生活历练、审美兴趣等，他们在阅读和翻译活动中怀有各自不同的期待视野。

因此，学生对源语言的理会和他们的翻译水平取决于各自的期待视野。在商务英语翻译教学中，直面期待视野的存在，设计留有悬念的教学内容，让学生产生期待，调动学习积极性，提高教学效果。

翻译教学实践中个体差异取决于期待视野的差异。只有读者的具体阅读和翻译实践活动才能填补未被阅读作品中的大量"空缺"，学生积极地阅读和翻译实践意味着对文本进行再加工再创造。此外，学生的文化水平、知识程度、生活历练等诸方面存在不同从而使翻译活动具有差异性。在商务英语翻译教学实践中，教师应充分尊重学生的个性发展并注重他们创造力的培养。

时间的推移、教育层次等因素的改变会对学生的文化修养、认知能力、审美情操、生活历练等方面产生影响，他们对原来的期待视野不停地调整、修改、增补，从而产生新的期待视野，进一步影响阅读期待和翻译水准。姚斯认为，读者的阅读体验与自身期待视野相同，读者会觉得作品缺乏创意或刺激力不够而索然寡味。反之，作品的蕴意超出读者的期待视野，他们会有兴奋感。在商务英语翻译教学，如果教师设计的教学内容超过学生的期待视野，学生会充满兴趣，教学内容顺利被接受，反之教学效果大打折扣。

三、期待视野下商务英语翻译教学创新实践

将接受美学理论的期待视野运用到商务英语翻译教学中，教师必须改变传统授课理念和教学模式。首先，教师应该合理安排课堂模式，创设商务英语翻译情境；其次，积极引导学生在阅读期待和翻译实践中与文本遥相呼应，产生共鸣，充分展现翻译教学创新理念。

科学对待"期待视野"，高效设计商务英语翻译教学。在未开始阅读文本之前，读者心怀某种期待。在阅读过程中，当读者的阅读体验与各自的"期待视野"吻合时，读者会感到无味单调，因为文本缺少新意，刺激力不够；反之，文本的内容跨越"期待视野"，读者便会兴致盎然。因此，在商务英语翻译教学之前，学生心中对教学内容怀有期待，倘若教师设计的教学内容超过学生心中的期待，学生充满兴趣，积极投入而且非常配合教学。

例1：Both bed sheets and pillow cases in the factory are not available for the time being. 许多学生快速将此句翻译为"这家工厂的床单和枕套现在无货供应"。接着教师又提供另一例句：Neither bed sheets nor pillow cases in the factory are available for the time being. 此时课堂一片哗然，讨论激烈，学生意识到前句翻译可能有误，因为他们对后句的翻译很有把握。因而教师向他们解释，前句是部分否定，后句是全盘否定。所以，前句正确的译文是"这家工厂的床单和枕套只有一种有货"，而后句应该译为"这家工厂的床单和枕套现在无货供应"。教师通过这种导入式翻译教学法，不仅满足了学生的"期待视野"，让他们既兴奋又折服；与此同时，学生感受到商务英语翻译课所带来的快乐、新颖和挑战，激发他们追求新知识的热情和动力。

例2：The engine didn't stop because the fuel was finished. 这也是教师设计有关商务英语

否定翻译的例句。同样，部分学生不屑地给出译文"引擎停止运转是因为燃料耗尽"。其实这里有个否定表达结构 not…because，正确译文是"引擎并不是因为燃料耗尽而停止运转"。立马引起学生关注和投入，认识到自己英语知识水平有待加强，因为他们内心期待与正确译法落差甚大，从而大大提高课堂教学效果。

例 3：1.The canned goods are to be packed in cartons with double straps.

2.The piece goods are to be wrapped in craft paper, and then packed in wooden cases.

这是两个选自商务信函的例子，学生给出 carton 和 case 两词的译文都是"箱子"。但是两者意思有所不同，运用的商务语境会有差异，carton 常常指硬纸箱，而 case 用来指木箱。所以两句准确的译文分别为"罐装食品将以纸箱包装，外加两道箍""布匹在装入木箱之前要用牛皮纸包好"。教师作出合理的解释后，学生恍然大悟，兴致倍增，更加明白商务英语翻译的精准性。这里教师教学的设计超越了学生的期待视野，召唤并激发他们跨文化学习的热情；同时加深了学生追求知识的紧迫感，唯有不断增强知识储备能力，才能实现高质量的商务英语翻译和应对知识爆炸带来的挑战。

例 4：Notice of particulars of shipment shall be sent to buyers at such time and by such means that the said notice shall be received by buyer within 7 days after shipment.

这是选自商务英语合同的句子，大多数学生采用直译法"卖方须在这样的时间和以这样的方式将装运详情通知买方，以便买方在装运日内收到装运通知"。该句中，两个较为模糊的短语 at such time 及 by such means，由于存在英汉语言差异和文化差异，学生的直译引致语义丢失以及信息传递有误，产生了模糊信息。这种"语言差异"和"文化差异"正是期待视野中的"空缺"，需要学生阅读翻译时去填补。因此，翻译时需对文本信息进行归纳转化处理，填补"空白"。准确的译文为"卖方须及时以适当的方式将装运详情通知买方，以便买方在装运日内收到装运通知"，更加符合商务英语合同行文的要求，使译文的意思明确。

例 5：The medicine described is exercise, and it's emerging as a broad-spectrum tonic, recommended on a daily basis for nearly everyone from early childhood on up.

学生的译文是"这种药就是体育锻炼。作为一种疗效普及的健身药补，每个人差不多从童年时代起就被推举天天服用这种药补"。当时指出翻译有误，学生显得很茫然。乍一看，句子很通顺，实则照搬了初稿词序，英语和汉语成分有时语序存在差异，如果一味地硬套势必造成译文含混不清。根据句子结构可知：it 做主语，exercise，emerging 和 recommended 同属 it 的谓语部分。译文错误产生于 recommended 被误认为是 everyone 的谓语。正确的译文是"这种药就是体育锻炼。作为疗效普及的健身'良药'，差不多从每个人童年时代起，体育锻炼就受到推举，要天天'服药'"。学生对教师给出的正确译文既信服又兴奋。在商务英语翻译教学实践过程中，教师科学地应用了"期待视野"理论，注重教学的亮点和重点设计，激发并满足学生的内心期待，从而对枯燥的商务英语翻译课产生浓厚的攻读兴趣。

引导学生实现不断变化的期待，最大限度地发挥学生在学习上的主动性。学生在阅读和翻译进程中，对所学内容不是被动地接受，而是积极主动地剖析，学生的"期待视野"可能有些得到证实，也可能有些被否定冲破。在商务英语翻译教学中，教师应该及时而有效地帮助学习者找出"期待视野"被证实或否定的缘由，激励学生产生新的"期待视野"，激发他们强烈的求知欲。

"期待视野"会随时代的变革以及不同阅读者而发生改变。在商务英语翻译教学实际操作中，教师必须做到及时更新授课内容，紧跟时代的步伐，以便最大限度地满足不同时期各层次学生的"期待视野"，大大提高教学效果。

尊重"期待视野"的个体差异，培养学生创新、创造、创意理念。不同学习者具有各自不同的"期待视野"。在商务英语翻译教学实际操作中，教师充分尊重学生的个性特点和注重学生创新意识的培养，每个学生对同一翻译作品会有不同解读，教师帮助学生分析他们不同解读的缘由，构成新的"期待视野"。活跃、宽松、开放的课堂教学氛围非常重要，教师需多给学生提供更多更大的发展创新空间。教师成为学生学习知识的引路人，鼓励他们积极参与课堂活动，对所学知识产生浓重的兴致并引发求知欲，维持莫大的求学热情，进而引导他们在进行创造性思维进程中努力做到求新求异。

将接受美学理论的"期待视野"运用到商务英语翻译教学实践中，为商务英语翻译教学带来了全新的思想，让学生变成学习的真正主人。教师可以站在崭新的角度设计课堂教学活动，通过授课设计，凸显学生在课堂学习中的主体地位，彰显学生的创造能力和创新理念。"努力形成人人渴望成才、人人努力成才、人人皆可成才、人人尽展其才的良好局面，让各类人才的创造活力竞相迸发、聪明才智充分涌流。"

第二节 提升商务英语翻译教学质量探析

全球经济一体化的背景下，国家之间的交流日益频繁，对商务英语翻译人才的需求量也在不断增加。然而，高校培养出的商务翻译人才无论从数量还是质量上都不能满足市场的巨大需求。本节结合商务英语的特点及商务英语翻译教学现状，对商务英语翻译教学中的问题进行分析，提出一些解决困境的方法和策略。

在全球经济一体化的背景下，中国的经济发展同世界的经济发展联系得更为紧密。单一的英语专业人才已无法适应当今市场需求。面对这种经济形势，我国急需一大批实用型商务英语翻译人才，并对翻译人员的能力及综合素质提出更高的要求。然而，高效商务英语翻译教学存在一些问题，需要引起注意。

一、商务英语翻译教学现状

商务英语属于专门用途英语，有关资料显示，专门用途翻译占据所有翻译活动的70%，显示了商务英语翻译活动的重要性。英国商务英语专家布里格尔指出："商务英语应包括语言知识、交际技能、专业知识、管理技能和文化背景等核心内容。"由此可见，商务英语的学习要求及教学目的不能只停留在获取语言知识层面，更应注重培养学生的综合学习能力。

除了英语语言基本功以外，商务英语主要是储备国际贸易知识，提升商贸沟通能力、综合素质和临场应变能力。目前，商务英语翻译教学未能摆放在一个重要的位置，高校商务英语翻译教学方法和教学计划也存在许多问题。例如，商务英语翻译教学计划安排不合理，商务英语翻译教师严重短缺，商务英语翻译缺乏应有的教学方法等。

二、商务英语翻译教学中主要问题分析

教学计划安排欠妥。翻译教学的整体教学计划非常重要，商务英语翻译教学安排既要体现其实用性特点，又要考虑到前后的逻辑关系，而商务英语翻译教学缺乏全国的教学大纲，在教学过程中虽使用了相应的翻译技巧，但没有总的框架和计划安排，在学生进行各阶段的学习时，相关知识点会重复出现，严重影响教学效果，也使学生的翻译学习积极性大打折扣。

商务英语翻译教师短缺。何刚强教授在首届全国翻译专业建设圆桌会议(师资建设专题)上提出："翻译专业教师须有丰富的翻译实践经验，精通翻译的一般策略和技巧。翻译专业教师须有宽广的翻译理论和视野，熟悉译论的国内外发展动向。"现有商务英语翻译课的教师大多数属于知识结构单一的语言或从事翻译教学的教师，语言基本功较为扎实，但缺乏商务专业知识，没有任何相关培训和进修的经验，有些教师甚至是开始授课之前才匆忙研究商务专业方面的知识，商务英语翻译教学难以达到应有的效果。

缺乏有效商务英语翻译教学方法。毋庸置疑，现有教学模式单一，课堂氛围沉闷，教学方法和手段创新不够。部分教师仍然采用传统教具结合少量的PPT教学，大量时间用在学习语法和语言结构分析上，学生在课堂上仅有少量时间进行商务翻译训练，这种单一教学形式无法调动学生的积极性，商务沟通能力和语言交流能力得不到应有的培养，所以难以培养出符合商务活动需要的商务翻译人才。

三、商务英语翻译教学实现途径

完善教学计划和教学大纲。商务英语翻译教学已列入我国高校外语教学大纲，但高校的商务英语翻译课程的教学效果却不太理想，主要原因是传统的教学大纲已无法满足时代

的现实需求，必须尽快制定一套科学、可行性强和教学目的明确的教学计划来指导高校商务翻译的课程教学，该计划应包括学校的教学理念和宗旨以及教学方法和目标。

该计划应将商务英语专业知识点与翻译理论和技巧有机结合，让教师明确其教学内容，达到相应的教学效果。另外，应鼓励教师有针对性地教学，根据学生不同学习阶段的不同要求，从不同角度讲授翻译技巧和商务知识，将语言技能、专业知识和实战练习有效融入商务翻译的教学过程，实现该课程的系统性、综合性和科学性。

打造一支过硬的师资队伍。商务英语翻译是一门商务知识与语言应用相结合的复合型的技能课，任课教师不仅需要有扎实的理论知识和教学经验，还应该有丰富的商务实践经验，高校最好能请到一些曾经担任过商务口译的工作者来担任主讲教师。

选拔一批教学上优秀的英语教师，鼓励他们学习商务专业知识，到外贸企业挂职锻炼，定期召开教研会议，交流教学经验与体会。

教师应制订商务英语翻译培训和进修计划，学校提供学习和进修的机会，不断加强教师对商务英语翻译方面的能力培养，并对获得相关专业学位或相关证书的教师给予适当鼓励和物质奖励。

尤为重要的是，教师应将商务知识储备、商务术语和互联网技术三方面的知识有机结合起来。只有全方位地提升师资质量，才能更好地实施商务英语翻译教学。

教学方式多样化。提升商务英语翻译教学方法的根本在于，以学生为主体进行教学活动安排，不断激发学生的学习兴趣及积极性。在教学中，可利用各种多媒体来辅助教学，利用音频和视频文件向学生展示实际工作中可能会遇到的问题。

加强与各企业单位的深度合作，高校可选择与相关对口企业合作，根据企业需要针对性地培养学生的商务英语翻译能力，在实践中提高自己的翻译能力。可设计在某一个企业中的一个小型商务口译模拟情景，让学生以小组的形式展现出来，并要求学生进行现场口译，然后教师对其点评。

此外，教师也可采用专题讲座的形式邀请知名企业人士与学生面对面交流，增强学生对课程的感性认识，充分调动学生的学习积极性，进一步激发学生的学习潜能，将理论和实践有效地融合在一起。

综上所述，随着经济全球化的深入，我国对高素质的综合型人才、优秀的商务英语翻译人才的需要持续增加。商务翻译教师必须清醒地意识到，商务英语翻译教学的目标是培养符合市场需要的应用型人才。

从商务英语翻译教学现有问题出发，有针对性地提出解决商务英语翻译教学的相关策略，旨在改进高校商务英语翻译教学质量，提升翻译人才素质，满足我国经济建设需求，是教育工作者面临的重要任务之一。

第三节　4Es 标准下商务英语翻译教学革新策略

随着经济全球一体化发展，商务英语翻译人才需求与日俱增。但当前商务英语翻译教学仍存在教材内容不完善、师资力量不足、教学手段滞后等问题。对照 4Es 标准，未能有效体现出语义、文体、文化及商务功能的对等，而上述对等标准是商务英语翻译中必不可少的要素。因此，结合 4Es 标准，创新商务英语翻译课程教学，具有重要的现实意义。本节从师资队伍、教学理念、教学手段、教学内容四方面入手开展探究，促使商务英语翻译教学与 4Es 标准有机融合。

随着经济的发展，商务英语翻译的作用也日益彰显，这便要求翻译过程要保障文本信息与商务功效的对等。4Es 标准将商务英语翻译对等要求进行整理，以语义、文本、文化、商务功能为基础，对商务英语翻译提出更高的要求，以保障翻译结果获得商务活动双方的肯定，促进商务贸易的合作达成。因此，探究 4Es 标准下商务英语翻译教学的革新策略具有重要的意义。

一、商务英语翻译的特征及 4Es 标准的含义

商务英语翻译的特征。商务英语翻译在发展过程中逐步涉及法律、贸易等细节性内容，因此商务英语翻译具有特殊性与多重性等特征。同时，商务英语翻译还需具有明显的商务特征，在翻译时可结合不同翻译内容及翻译环境采取合适的手段进行，因此，要求译者不仅要了解不同商务信息的内容，还需了解对方国家的文化、对方企业的营销特征，促使翻译结果实现语义、文化方面的对等，从而吸引读者的目光。同时，商务英语翻译的语言要求严谨，不可出现模棱两可的语言，从而保障商务贸易顺利开展。

4Es 标准的含义。4Es 标准主要体现在语义信息、文本信息、文化信息、商务功能的对等。首先，语义信息主要包括翻译文本内容的传递，具体可分为表层传递与深层传递两类，表层传递指字面信息的理解，深层传递指语言中包含的信息内容。其次，文本信息主要指商务英语翻译中需保障翻译结果与翻译场合的适配性，同时也需注意信息传递方式的合理性，从而避免出现与原文体信息不符的译文出现。再次，文化信息对等则主要指不同翻译文本需与对方国家的文化相结合，从而使翻译结果更易被对方国家所接受。最后，商务功能的对等主要指商务英语翻译中商务信息的传递需满足商务活动的目标要求。

二、基于 4Es 标准的商务英语翻译教学原则

优化语义信息理解深度。4Es 标准下商务英语的语义信息并非单纯的浅层含义，而是在加深相互理解之后，通过交流产生的合作意向或意图。如果无法深刻解读合作方的实际

需求，商务英语的翻译质量也会大打折扣。因此，就语义深层信息的发掘，成为商务英语教学的本质需求。必须秉承优化语义信息理解深度的基本原则，才有助于强化其教学质量。在部分英语教学活动中，并未对商务英语的特殊语境加以分析，以至于学生在理解深层语义信息时存在模糊界定。这种对语义信息解读并不全面的教学引导，实质上对学生的辅助效果微乎其微，并不足以优化商务英语教学质量。因此，需要对语义信息理解深度的教学内容加以强化，才能促进商务英语翻译教学内容的需求性得以满足。

加强文本信息解析能力。文本信息在商务英语翻译活动中的基础工作量最为繁重，也是学生在职业生涯中必须经历的初期成长过程。就文本信息的实际作用而言，更加倾向于特定场合状态下的解读效果，是分析和判断性的翻译支持。在国际商务活动中，以文本内容作为最终的决策信息，而落实文本中的相应条款也是加强合作的基础条件。其翻译人员的任何疏忽都可能造成双方合作的障碍，文本信息的再现效果不足会影响商务活动的开展。因此，加强文本信息的解析能力也是对商务英语翻译教学的特殊要求。需要教师以特定的商务活动背景以及多元化的参考范式引导学生思考文本信息中所传递的内容是否具备较高的合理性，才能保障翻译文本信息具有更高的应用价值，是凸显原文内容在商务活动中可利用率的重要标准。因此，在增强文本信息适配性的要求下，需要履行加强文本信息解析能力的基础教育原则。

拓展文化信息价值取向。由于商务活动国际化路径积极拓展，不同国家和地区的文化背景成为跨文化交际中的主要障碍。消解这种障碍成为商务英语翻译的必要参考范畴，而其中最为关键的优化方向便是文化信息对等。因此，在商务英语教学过程中，其翻译练习本身也需要联系实践活动，并以合作国家的政治文化背景为教学导向的前提。在学生了解翻译文本的对象时，首先应当引导学生从文化角度审视交流层面的诸多形成条件与制约因素。因此，就文化信息的价值取向角度分析，文化渗透效果越好，其界定的文化内容越容易被合作国家所接受，是商务英语教学的拓展方向。需要全面考查学生对各个国家、地区、民族的文化比较了解程度，从而辅助学生奠定翻译活动的文化基础，才能支持学生的翻译作品被合作方所接受，支持翻译效果在实践应用中的文化信息价值取向得到认可。

增强商务功能应用引导。商务英语翻译必须具备商务功能，既是对商务活动的服务，也是对促进合作基础条件的支持。因此，4Es 标准对商务功能的界定范畴尤为宽泛，是赋予传递信息商务活动价值的诸多表现。就翻译时效性而言，商务功能需要具备较高的翻译速度。就翻译质量而言，不可以出现重复性过高或者理解性不清晰的模糊语义。就促进合作的角度而言，仍然具有文化背景或潜在合作意向的主导作用。需要以学生的翻译文本和信息为基础，透露出具有服务意识的翻译效果，同时包含在合作意识的浅层语义之中。因此，商务英语翻译教学，也应当注重增强商务功能应用引导的作用，从而提升学生的翻译品质。在本质上突出翻译内容与实践需求的契合度，从而完善教学内容与商务活动的协调性，支持教学维度在翻译实践活动中的表现力度。才能进一步支持商务英语教学方法的革新，为学生创建更加契合商务活动的基础教学内容与练习方法。

三、4Es 标准下商务英语翻译教学存在的问题

教材设置不完善,文化对等体现缺失。商务英语翻译课程设置起步较晚,其教材编写质量也不尽如人意。大多数商务英语教材仅是对商务英语中的合同、广告等内容进行介绍,并通过语法、词汇的教学来进行翻译教学。教材的练习内容也大多是将与商务相关的资料进行堆积,没有过多的讲解,仅有参考答案。这导致教材内容不具备指导性与系统性,且理论与实践相脱节,学生无法学习到翻译技巧,也未能有效了解不同国家的文化背景,最终导致文化对等体现缺失。因此,教材设置不完善限制了商务英语教学的进一步发展,文化对等体现缺失也阻碍了学生对多元文化的理解。

师资力量不足,商务功能对等体现缺失。当前英语翻译课程教师需具备三个方面的能力,首先是专业知识,主要指翻译技巧;其次是教学能力,包括与学生的交流与多媒体应用能力;最后是科研能力。而商务英语翻译课程教师不仅需要具备上述基础能力,还需具备一定的商务技巧。但大多教师不具备商务能力,不仅没有接受过商务专业学习,也未参与过商务活动,这导致商务英语翻译课程中翻译与商务脱节。此外,也有部分教师没有翻译实战经验,在教学时大多偏重于理论知识的传授,学生学习效率较低,商务功能对等体现也较为缺失,翻译水平无法提升。因此,在师资力量不足的情况下,4Es 标准实际上并不容易完成,是优化商务英语教学质量和水平的主要障碍,并且严重影响了商务功能对等的充分体现,是教学能力受到干扰和限制的主要因素。

教学手段滞后,学习效率较低。当前商务英语翻译人才培养大多以语言讲解为主,传统的翻译教学法与交际语境相脱节,无法满足学生的学习需求,也无法有效地提升学生的翻译水平,更与社会对商务英语翻译的需求相脱节。此外,我国商务英语翻译教学的课程设置具有一定的随意性,教学规划不够清晰,教学目的也无法有效达成。同时,商务英语翻译教学方法大多以教师为主体,将教材作为载体,教学手段大多以"一言堂"形式为主,学生与教师的交流较少,实践内容也无法达到教学目标。学生学习主动性与积极性无法调动,学生创新思维、解决问题的能力与学习主动性无法得到有效提升。因此,教学手段滞后是影响 4Es 标准无法深入商务英语教学体系的主要限制。而学习效率较低也是无法支持学生充分训练的主要障碍,必须加以克服才能保障 4Es 标准的落实,实现对学生商务英语翻译能力的积极培养,达到预期的教学指标和优化条件。

四、4Es 标准下商务英语翻译教学的革新策略

完善师资队伍,商务与翻译并重。师资队伍是教学过程的基础,因此,为了保障商务与翻译的并重,需要完善师资队伍,提升教师教学水平。首先,可招募商务英语翻译人才,以充实教师队伍,职业化商务英语翻译人才具有较强的翻译经验,同时也更了解职业需求。其次,还需通过各类方式提升教师的翻译水平,可为教师提供实践的机会与平台,并开展

教学合作与创业活动,从根本上提升教师的教学水平,并使其成为职业化翻译人员,即名副其实的商务英语翻译教师。最后,还可开设翻译教学研修课程,为没有经历过翻译学习的教师提供学习场所。就目前而言,可以发挥当前社会资源优势,将外研单位与名校作为依托,为翻译教师提供分层次的培训,使其理论与实践能力皆有所提高,从而使翻译教师的教学思路更加开阔。此外,商务英语翻译还需将商务作为教学重点,因此,教师还需提升自身商务水平,注重听说读写等技能的提升,加强英语语音、句法的学习,并了解商务领域的专业知识与技能,如合同翻译、经济翻译、信函翻译等。教师亦可主动参与商务活动,从实践环节了解商务翻译中需要注意的内容,从而为商务英语翻译教学奠定基础。

创新教学理念,教材与教学大纲并重。传统教学理念无法满足商务英语翻译教学的需求,因此,教师需要创新教学理念,重新编撰教材与教学大纲,从而满足学生的学习需求,提升学生商务英语翻译水平。首先,教师需将教学作为知识传授的过程,要求教师结合学生学习水平与自身经验设计课程。同时,还需在基础知识传授的基础上,不遗余力地培养学生的自主学习能力与创新思维,真正做到"授人以渔"。因此,在教学大纲中不仅要设置翻译基础知识,还需加入实践活动与文化内容,从而保障4Es标准中文化与文本信息的对等。此外,还需编撰与教学大纲相符的商务英语翻译教材,在编撰教材时需要将语言作为基础,使翻译教学与语言学相融。其次,还需重视翻译学理论,选择翻译文本,注重翻译材料的时代性与真实性,将跨文化内容与语言翻译技巧融入翻译材料。突出学生发现、解决问题能力的培养,使学生在利用教材时,可结合教师的启发,去发现、探索翻译过程,防止出现传统教材中重视结果、忽略过程的问题。

创新教学手段,理论与实践并重。在4Es标准中,文体信息的对等与语义信息的对等十分重要,因此需要创新教学手段,将理论与实践置于同一水平线上。为此,可通过项目化教学手段将学生作为教学中心,创建具有特色与实践结合的教学模式。首先,教师可将学生分成小组,选出小组组长,成立虚拟翻译工作室,由教师向学生下发翻译项目,以工作室为单位,自行做好准备工作。充分利用现代信息化资源收集与商务英语相关的翻译材料,并上传至学校或班级的公共网站与邮箱,供学生下载、学习。同时,还需引导学生了解商务语言特点,讲解翻译原则与翻译方法,从翻译层面进行提升。其次,教师还可利用多媒体课件布置翻译任务,展示中英文商务资料,要求各工作室进行互译,教师给予合理、恰当的评价。教师还需进行项目考核,针对工作室完成任务的情况进行评选,开展项目拓展训练,为商务企业进行英语翻译。在实践活动中,可有效提升学生的翻译技巧,了解不同翻译环境中所需的文本内容,增强其商务英语翻译水平。通过理论与实践的结合,实现文本信息与语义信息的对等。

丰富教学内容,语义与文化并重。4Es标准中提倡语义信息的对等与文化信息的对等,因此在教学时需注意语义内容、翻译技巧、文化内容的讲解与传播。首先,需要提高学生的翻译能力,使其学习翻译理论、翻译标准与翻译技巧,让学生了解翻译实际是一个再创造的过程,要求学生在原文的基础上利用翻译技巧对原文进行再创造,使读者对原文内容有一个最准确的了解。翻译策略主要有增译、减译、改写三类。而在商务英语翻译活动中，学生还需掌握商务知识，利用上述翻译策略将原文生动展现。其次，还需加强学生跨文化知识的培养，提升跨文化意识。不同国家具有不同的文化习俗，因此要求学生在掌握商务知识的基础上，还需充分了解不同国家的文化习惯。使学生明确翻译过程实际上是一个语言与文化的转换过程，因此，在讲解商务交易注意事项时还需了解对方国家的文化背景，只有了解文化内容，才能保证翻译结果的准确性，减少文化差异所造成的误解，实现 4Es 标准中语义信息与文化信息的对等。

第四节　框架语义理论视域下的商务英语翻译教学

商务英语作为一种特殊的语言变体，具有极强的专业性。随着日益密切的国际经济贸易往来，商务英语翻译扮演着越来越重要的角色，越来越多的学者在商务英语翻译教学上不断探索。框架语义理论给学者以新的视角，结合商务英语翻译的特点，探讨框架语义理论指导下的商务英语翻译教学势在必行。

近年来，我国对外贸易活动日渐频繁，商务英语翻译作为对外经济活动一个必不可少的方面，其需求也在不断扩大。因此，许多大中专院校纷纷开设商务英语专业，设立商务英语翻译课作为选修课或者是必修课，商务英语翻译的研究也取得了极大的发展。归根结底，商务英语翻译还是属于"语义"的转换。认知语言学的发展，在词义推理、词汇意义等方面给予了学者极大的启示，诸如图示理论、范畴化理论等已被广泛应用于商务英语翻译教学。框架语义理论作为认知语言学的一个重要组成部分，在商务英语翻译中也有其独特的理论指导意义。

一、框架语义理论的概念

"框架"的概念最先由菲尔墨提出。当时语言学界用来分析语言概念结构的主流理论是结构主义的语义学，最为突出的则是成分分析法。根据成分分析法这一理论，词义是由一组语义成分组成的。例如，"男人"可分析为"人类""成年"和"男性"三个语义成分，而"女人"可分析为"人类""成年"和"女性"三个语义成分。成分分析法就是这样帮助人们更好地理解语义。然而，这一理论也存在着问题，如对于"男人"和"女人"，性别是区分二者的唯一标准。但是莱昂斯曾做过一个非常有意思的分析，如果问一个小孩，男人和女人的区别在哪里，他可能会说出许多的特征，如头发的样式、衣服的样式、平常的行为等等。因此，仅仅是在大多数成人的观念中，性别是区分男人和女人的唯一标准。莱昂斯的这些分析说明了要把构成成分说成是最小的意义单位是困难的。在这种情况下，菲尔墨提出了框架语义理论。在框架语义理论中，显像指的是词语象征的概念（也就是我们常说的指称意义），它通常被称为概念显像；框架是一个表征各类体验的概念工具，但也能被看作是概念成像所蕴含的概念结构或背景知识。菲尔墨曾这样定义"框架"这个概念，"当使用'框架'这个术语时，我心里想到的是一个互相联系的概念体系，对这个体系中任何一个概念的理解都必须依赖对其所属的整个结构的理解"。从某种程度上来看，语言的意义不在于语言本身，而在于许多认知活动所构成的框架之中。

商务英语是以英语为基本语言进行国际商务活动的专门用途英语，其内容涉及英语基础知识、商务专业知识、行业习惯、民族习俗、人际关系技能和处事技能等。商务英语从普通英语而来，既有普通英语的语言特点，又有商务知识，即是商务知识和一般英语的综合体，因而具有独特性。商务英语翻译课程是一门综合技能课程，结合了基础商务知识和英语技能培训，旨在培养学生综合运用英语的基础知识、商业知识、行业专业知识和翻译技能，以便达到在国际经济贸易活动中有效传递商业信息的目的。因此，商务英语翻译并不是简单的语言转换，而是在具体商业背景下进行的跨学科、跨文化交际。虽然都属于英语翻译，但是商务英语翻译由于其专业性和特殊性，表现出其不同于普通英语翻译的特点。

在商务英语文本中，译者通常会发现许多日常能见到的或是经常使用的词汇，但是这些看似相熟的词汇往往与我们熟识的意思相距甚远。同一个词语在不同类型的商务文本之中有着不同的含义和解释，那么在翻译的过程中，译者就要具备良好的专业背景知识，否则就会造成误译或错译。例如，"credit"在不同的句子中有"荣誉""贷方""贷款""赊账""银行户头""信誉""信用证"等不同的含义。

商务英语与商务专业知识密切相关，因此在商务英语文本中有着十分丰富的专业术语。如缩略语 A/P（应付账款）、B/L（提货单）、B/E（汇票）、L/C（信用证）等；专业词汇 stocks（存货/库存量）、port of discharge（卸货港）、documentary credit（跟单信用证）、counter offer（还盘）等。

商务英语由于其本身具有准确、得体的特点，译者在商务英语翻译时也往往着重于译文的得体恰当。在商务英语翻译中，有许多固定的句式，熟知这些句式能帮助译者更好地进行商务英语翻译。例如："So far, all our purchases from you have been paid by confirmed, irrevocable letter of credit. 迄今为止，我方向贵方订购的全部货物都是采用的保兑的、不可撤销信用证付款。"商务英语的句式正式，且较为单一，大多数句式可以说是"一通百通"，只要掌握了一个句式的翻译，很容易举一反三。

同时，在某些商务文本如商务信函的翻译中，一定要强调"得体"原则。无论是作为买方还是卖方，商务英语翻译都要充分尊重对方，尤其是在外贸函电中。例如，"We are in receipt of your letter"就可以翻译为"贵公司来函已收悉"，这样就显得礼貌得体。

商务英语与一般英语的区别在于其严谨精确，由于商务业务往来之间涉及金钱利益和法律责任，一字之差就可能酿成大错，所以商务英语翻译一定要突出强调"忠实原文"，以免给买卖双方造成不必要的损失。尤其是在涉及违约条款及事项时，译者必须更加严格认真对待，即便译文比原文长，也必须要准确，严格忠于原文。

二、框架语义理论指导商务英语翻译教学的可行性

翻译不仅是两种语言文字之间的转换,还是一种跨文化信息的传输。著名翻译学家奈达认为:"所谓翻译,是指从语义到文体在译语中用最切近而又最自然的对等语再现原语的信息。"翻译首先强调的是意义。商务英语涵盖经济活动中的所有领域,在不同的商业活动中,同样的词汇可能会呈现不同的意义。框架语义理论作为近年来比较热门的一个理论学说,在其指导下,商务英语翻译教学能够得到更好的发展。笔者之所以这么认为,基于以下两点。

传统翻译模式与商务英语翻译教学有冲突。笔者在调查中发现,许多学生在做翻译时无外乎用两种办法:第一种就是字对字、词对词地翻译。学生弄清楚原文中每个词语的意义,然后再把它们连接起来就得到整句话的翻译。第二种就是一些英语专业的学生所采用的办法,即他们首先分析句子结构,然后把句子分成几部分再进行翻译。这两种办法都与教师长期以来所教授的模式息息相关。第一种就是教师虽然注重每个单词的词义,强调翻译中"意义"的重要性,但忽略了句子结构,只是教会学生对单词的意义简单叠加,然而这与好的翻译所要求的标准相距甚远。而第二种教学模式就是教师在课堂中教会学生如何分析句子结构和语法结构,然后告诉学生答案,让学生做对比。这两种教学模式无论是在形式上还是内容上都与商务英语翻译教学相冲突。

首先,商务英语翻译不同于普通英语翻译,它具有专业性、严谨性和准确性。同时一词多义现象也广泛存在,商务英语中的许多单词都是人们日常经常见到和使用的,但是在商务英语文本中却有着完全不同的意义。例如,"interest"这个词,人们常用的意思是"兴趣、爱好",然而在不同的商务英语文本中却有着不同的意义。例如:(1)"Enclosed for your interest is our new brochure which summaries: BIP products and services. 附上我们新出的小册子,供贵方参阅。该册子综述了 BIP 公司的产品和业务情况。"(2)"Packing is a matter of great interest to our end users. 对最终用户来说,包装十分重要。"这两个例句说明"interest"这个单词在具体的商务英语文本中不能简单地翻译成其使用最广泛的意义"兴趣、爱好"。因此,商务英语翻译教学并不只是简单的单词意义的叠加。

其次,虽然分析句子结构是一种不错的翻译方法,尤其是针对商务英语文本中许多长难句、被动句的情况,但是对于不了解专业术语的翻译始终是存在局限性的,学生只是简单地翻译出了他们所知道的原始语义而没有进行复杂的推理和整合。众所周知,翻译是翻译者解释源语言并构造目标文本的过程,这是将文本与情境、社会和文化背景以及自己的经验联系起来的过程。所以单单注重句子结构分析也不能做好商务英语翻译。

框架理论指导与商务英语翻译教学相契合。框架语义理论中最重要的概念就是"框架"。什么是框架呢?意义的确定必须参照一定的背景知识体系,而且这一背景知识体系反映了理解者的经历、信念和实践。其中所提到的"背景知识体系"就是框架语义理

论中所提出的"框架"。所以说商务英语翻译和框架语义理论是相契合的。因为商务英语本身就是普通英语的一种特殊变体，它是用来进行经济往来和贸易活动的一种专门用途英语，这本身就是给商务英语这个概念划定了一个框架，那么商务英语翻译就是在这样一个"框架"中进行的，这正好与框架语义理论不谋而合。那么在商务英语翻译活动中，在解释原始文本时，翻译者必须在特定语义框架中理解原始文本的每个单词。在目标文本的构造中，翻译者应根据原始文本中的每个单词提供的语义框架来再现或重构目标语言中的语义框架。例如："Without prejudice to any rights which exist under the applicable laws or under the Subcontract, the Contractor shall be entitled to withhold or defer payment of all or part of any sums otherwise due by the Contractor to the Subcontractor."这句话中的"prejudice""withhold""defer"和"due"都是多义词，但是这句话中的其他信息能为它们提供具体的语义框架。在这一句中，有"承包商""付款"和"分包商"的框架，在这样的框架下，"prejudice"必然不会是人们常用的释义"偏见"，而应该是"损害"。由于"withhold"和"defer"与"payment"构成一组动宾结构，也就不难推测其"保留"和"推迟"的释义。因此，做好商务英语翻译，首先必须有商务英语文本所构建的框架，在这一框架中推测出一词多义的具体释义。教师只有这样引导，学生才能更好地进行商务英语翻译活动。

框架语义理论在一定程度上与商务英语翻译有契合之处。在框架语义理论的视域下进行商务英语翻译教学，指导学生构建具体的语义框架，在具体的语义框架下进行句子结构分析、语法分析和词汇语义分析，教师需要扩充学生具体的知识面，如商务信函、外贸跟单、国际物流等方面；同时也要加强学生认知能力的训练，提高学生的逻辑推理能力、组织能力和联想能力等，只有这样才能够更好地进行高质量的商务英语翻译活动，以保证翻译内容的准确性和得体性。

第五节 基于经济一体化下的商务英语翻译教学

根据相关调查资料，在世界上有很多国家在日常生活中都习惯使用英语，并且英语的普及率越来越高。从经济发展的趋势来看，随着经济一体化的加深，商务英语作为商务活动中必须使用到的一门专业化语言，其学习和应用必然会得到重视和发展，这也就对我国高校商务英语专业的教学质量提出了更高的要求。本节通过分析经济一体化大背景下，商务英语的课程体系特征和目前教学过程中存在的问题，提出切实可行的解决意见。

一、商务英语翻译课程体系特征

在我国的教学体系中，英语很早就被纳入了教学重点，这与我国的国情是密不可分的，商务英语翻译专业本身就是从普通英语课程的基础上发展而来的，它不仅需要学生具备最基础的英语专业的口语、听力和书面写作等能力，还需要懂得企业商务翻译、商务谈判、心理学等知识，与普通的英语专业相比，其所需要的知识更为综合，具有专业性和实用性的特点。我国的经济发展水平与发达国家相比还是有一些差距的，但是在经济全球化的背景之下，我国的经济发展机遇也很大，对商务英语翻译专业的人才需求量也越来越多，但是高质量的翻译人才培养工作是当今高校教学所欠缺的。商务英语翻译在国际贸易中，是各国交流的工具，受到各行各业高度关注。详细了解商务英语翻译专业的特点，是提升商务英语翻译专业的教学效果，更好地培养复合型人才的基础。

商务英语专业也有其自身的特征，其特征主要表现在以下两点：第一，重视普通英语语言和商务专业知识的结合，需要学生学习很多商务英语相关专业术语的翻译词汇，能够熟练和准确地翻译商务内容相关的资料和信息。学生也需要牢固掌握经济相关的专业知识和商务活动中基本的知识，以便可以很好地进行商务相关的翻译工作。第二，与传统的英语学习方式和内容相比，商务英语专业的学习难度和翻译技巧等要困难很多，为减少工作当中的失误，翻译工作者应当将资料的字面意思和深度含义都翻译出来。从商务英语课程的特征来看其课程体系，商务英语翻译的课程体系主要有以下两个方面的特征：

首先，以培养商务英语翻译人才为目标。从分析商务英语的特征可以得知，商务英语具有较强的专业性、实用性，并且其要求较高，在进行书面翻译的时候，格式要求较高。高校商务英语翻译专业的毕业生，应当是既懂得英语知识，又会商务知识的复合型人才。因此，高校在进行商务英语翻译教学工作的时候，需要着重培养学生的英语学习能力和在商务活动中进行笔译和口译的能力。在教学过程中应当加强学生对基础英语知识的学习，并且也设置商务知识的课程学习，向学生多讲解商务英语翻译专业的英文单词、短语等，传授商务英语翻译和一般英语学习的区别，以及商务英语本身的特点，使学生可以对商务英语翻译的工作有一个很好的把握，能够准确快速地对商务信件、合同等资料进行翻译，并且在商务谈判中可以熟练地运用一些谈判技巧。

其次，将语言能力和专业能力相融合的培养方式。商务英语翻译专业是传统英语学习和商务知识学习相融合的专业，因此，在对此专业学生进行教学培养的时候，应当采用一般英语知识教学和商务专业知识相结合的教学方式。好的传统英语翻译学习是英语商务专业学习的基础，只有英语知识扎实，才可能和商务知识相结合，才能学习好商务英语专业的知识。第一，商务英语翻译的课程设计要将学生的口语发音、阅读理解、词汇掌握和表达能力等的学习训练加入进来，也就是重视学生听、说、读、写、译能力的学习。只有熟练地掌握这些基础知识，才能够对商务英语翻译的书面写作和口语表达有利。由于商务英语有其自身的特性，因此，在学习的时候要注意把握其中的差异。第二，还应当注重培养学生对西方国家传统文化习俗的学习，以便可以对英语有地道的理解，在此基础上培养学生学习商务英语方面的专业词语以及商务知识的专业性表达。除此之外，还要设置翻译学的理论知识学习，掌握翻译的技巧，然后学习国际贸易、市场营销和经济学知识。

在商务英语翻译教学中，课程教材的选择对教学的质量和效果有着至关重要的作用，教材质量是直接影响教学成效的。但是就我国商务英语翻译专业的教材来看，其出版数量较少，大部分是针对普通英语教学的教材，没有商务英语翻译专业的专业性教材，并且质量比较低下，教材的覆盖面比较窄，仅仅包含简单的商务知识，没有突出商务英语翻译的专业性。这就给老师在教学过程中带来了困难，老师需要按照既定教材内容进行授课和讲解，很多时候讲解的内容仅仅停留在简单的理论阶段，没有结合商务英语专业的实际特点进行讲授。学生在学习过程中也缺乏实地的商务英语翻译工作学习，不能了解企业实际对商务英语翻译人才的具体要求，进而不能更好地改进自己，提高自己的综合素质，在就业时就没有更好的选择。

"老师是教学的主体，是学生学习方向的主导"这一观念是不合理的，其对课堂教学的质量和含金量是有重要影响的。提高高校教师队伍的综合素质是提升商务英语翻译教学质量的关键。很多英语专业教学的老师只是英语专业的素质较好，对商务知识了解得较少，在对学生进行授课的时候就会比较单一，学生不能掌握较为综合的知识。商务英语翻译专业的老师首先应当具备英语专业的基础和专业知识，其次应当具备教学能力，最后应当具备商务知识。但是，当前我国的院校缺乏这样综合素质较高的教师队伍，其主要原因有两个：一是商务英语翻译课程专业性与应用性较强，在此专业教学上需要具有较高素质的老师，但是大多数老师只是一般英语专业毕业的教师，缺乏在企业的相关商务活动工作经验，造成教学质量低下。二是基于经济一体化背景下，英语商务翻译是一门顺应社会发展而产生的学科，许多老师在进行教学时没有相关的教学经验，老师在授课时抓不到重点。以上原因都使得高校商务英语翻译专业的教学质量不佳。

传统的英语专业教学模式比较单一，只是简单地对学生传输一些教材设计所必须讲授的知识，难以满足学生真正的需求，不能调动学生的积极性。老师在授课的时候习惯于使用以前的教学方式，其内容往往与课程设计脱节，在限定的教学时间之内，老师只能根据现有内容进行讲解，单纯地把知识灌输给学生。在课程教学中，往往和学生的互动性较差，不能实时地掌握学生对知识的掌握程度，学生的学习积极性也会降低，老师教学质量差，教学目标自然无法完成。

课程设置是构建课程体系的重点，科学的课程设置能够提高课堂学习效率，也是老师完成教学任务的基础。当前，我国高校商务英语翻译教学课程的教学质量测评仍然使用一贯的闭卷考试方式，这和商务英语翻译的教学要求是不一致的。这种教学评价方法只是重视教学结果，而不注重教学质量，评价方法过于简单。商务英语翻译的实用性和这种教学测评方法的实质不一样，对学生商务英语翻译专业知识的学习没有益处。

二、经济一体化环境下商务英语翻译教学策略

（一）编写专业商务英语翻译教材

商务英语翻译专业的教材具有专业性和实用性，它和一般的英语翻译教学的教材有很大不同。针对这种特殊性，学校应当根据本校学生的特征、该门课程的特殊性、学生对学习本门专业的实际需求来进行专门的教材编写。学校可以让英语专业的教师和在企业从事过商务相关工作的人员共同进行教材编写，以便保证教材编写质量，激发学生学习的兴趣。因此，在进行教材编写的时候应当注意以下方面：一是编写时的重点仍然以英文学习为主，教材的根本是一门语言的学习；二是结合翻译的理论基础，商务英语翻译课程不仅仅是学习语言的基础，重要的还有将所学的知识进行输出，也就是进行翻译，所以就要掌握一定的翻译技巧。综合来说，就是要使所编写的教材善于启发学生进行思考，并主动投入学习。

（二）完善师资队伍

教师只有拥有比较高的能力和素质才能对学生的教学更有帮助。教师不仅在课堂教学上对学生有启示，还会在日常的一点一滴的小事上对学生产生影响。学校可以聘请在相关的商务活动中有过工作经验的高素质人才来作为学校的兼职教师，一方面为本校老师提供经验；另一方面，还可以给学生讲解一些企业的实战经验。学校还可以为本校老师增加一些培训学习的机会，可以选拔出优秀的教师到外资企业学习，实地参与商务翻译工作，为教学提供经验。学校还应当在平常对教师采取激励措施，鼓励老师多学习，根据社会发展，学习最新的教学理念和方法以及商务专业所需要的经济学、营销学和心理学等知识，多方位提升自己的教学能力。

（三）创新教学方法

以前简单的教学方式不能满足现代学生多样化的需求，老师在教学时可以增加案例教学方法的使用，将实际的商务活动中的翻译工作讲授给学生，并适时地向学生提问，多增加与学生交流的机会。在选择教学案例的时候，老师应当根据教学的实际需求，多找案例进行参考，将知识点穿插在案例中，让学生积极参与学习，这样不仅可以让学生学到知识，还会锻炼学生思考问题的能力。并且在教学中还应该适时增加信息技术，使用多媒体教学方式，使得教学更加生动，学生的学习积极性更高。

（四）构建多元化评价方式

随着教育体系的不断完善，评价方式也需要多元化的方式进行，从而有利于优化整个教学体系。教学课程的评价办法和教学质量有着很大的关系，高校原本的封闭式考试评价方法主要是老师根据考试分数进行评价，主观性比较强。对此，应当采取学生自评、同学互评与老师评价相结合的方法，使评价方式更加多样化，将综合得分作为学生的学习成果会更加客观。

在全球经济一体化背景下，对商务英语翻译人才的需求越来越多，同时这也对高校的教学质量提出了很高的要求。商务英语翻译的创新式教学方式也十分迫切，老师应当根据当前的教学需要，加强自身的学习，多学习企业商务英语翻译方面的实战经验。学校应当将现有的资源发挥出最大的优势，提升整体教学效果，真正让学生成为企业单位所需要的人才类型。由于我国的商务英语翻译专业的发展比较晚，并且用人单位需求量大，所以，高校的教学创新刻不容缓。本节旨在通过分析我国商务英语翻译的特点，找出其中存在的问题，从而有针对性地进行改进。

第六节　建构主义理论视域下的商务英语翻译教学

建构主义理论是强调以学生为中心的学习。在商务英语翻译教学中教师应以学生为中心进行教学，选用恰当的情境布置翻译任务，引导学生主动建构职业意识并贯穿翻译实践，促进学生翻译过程中的"自我发现"，提高学生的学习兴趣。

为适应社会对复合型人才的需求，我国高等外国语院校纷纷开设商务英语专业，并开设专门培养商务英语人才的课程。商务英语课程旨在培养具有扎实商务专业知识、广博国际知识，熟练掌握英语听、说、读、写、译的商务英语人才。受传统教学模式、教学理念的影响，商务英语教学课程存在着一定问题，如教学环境单一、教学方法不能与时俱进等。建构主义理论强调学生学习的主观能动性。建构主义视域下的商务英语翻译教学能够促进学生翻译过程中的"自我发现"学习过程，提高学生的学习兴趣。

一、建构主义教学理论的基本主张

20世纪60年代，皮亚杰提出了建构主义理论，这个理论从全新的视角探讨了已有的教学模式，是对传统认知理论的发展，同时也是对已有的教学理论的挑战。建构主义理论认为，学生通过学习建构知识体系，借助其他人的帮助在一定的情境下获得知识。建构主义理论强调"情境"的作用，重视"协作"在获取知识过程中的重要作用。在建构主义理论指导下的教学是以学生为中心，以教师为组织者和促进者的学习过程。教师通过构建情境、促进写作、加强会话沟通等手段充分激发学生的主动性和创新性，最终使学生实现对知识的意义构建。

学生在知识构建中具有主动性。在建构主义理论指导下的教学过程中，教师十分重视学生已建构的知识体系，不是单纯地输出知识让学生接受，而是在学生已有的知识体系的基础上做加法，引导学习者从原有的知识体系中生长出新的知识经验。这样的教学过程不是简单的知识传递而是知识的生长，是学习者主动进行的学习。

教学情境在意义建构中的必要性。在建构主义教学理念的指导下，教师在教学中建立认知情境，促使学生在吸收知识的过程中自然融入认知情境，学生通过融入情境让已有知识经验与新知识体系共同深化，从而构建符合学生自身发展状况的、有意义的知识体系。教师在设定教学情境的过程中，注重强调情境的真实性，学生在这样的教学情境中能够主动对输入信息进行加工，加深新知识与旧知识之间的联系，从而实现新知识的构建过程。

协作手段在教学中的应用。学生在协作、交互中对学习内容有更深的理解，这对知识结构的构建具有非常重要的作用。教师在建构主义理论的指导下对学生的交流、讨论起引导作用。学生在教师指导下组成学习小组、学习互助组，对教学内容展开协商讨论，在讨论过程中生生、师生之间的碰撞可以实现知识的共享和交流，这样的协作学习有助于整个团队完成知识体系构建。

学习资源在知识构建过程中的作用。学生除了要在教师构建的情境中协作学习知识，充分利用学习资源也十分重要。教师可以针对教材内容充分利用学习资源对学生进行知识讲解与展示，另外学习资源的有效利用还可以支持学生进行自主学习、自助式探究。学生通过搜索资源、利用资源，最终完成消化理解知识的过程。在整个获取学习资源的过程中，教师仅仅起到协作、指导的作用，学生的主动性才是发挥学习资源有效性的关键所在。

二、用建构主义指导商务英语翻译教学

经济全球化对商务英语专业人才的需求越来越多，尤其对具有扎实翻译能力人才的需求。虽然每年有数量可观的商务英语翻译类毕业生进入人才市场，但是真正符合翻译市场要求的人才数量不多，商务英语翻译教学情况与翻译市场需要存在脱节。教师的教学手段有一定的局限性。要改变这种现象，笔者试图以建构主义理论指导商务英语翻译教学。

实现以学生为中心的教学。建构主义教学理论认为学生在教学过程中居于中心地位，教师只是帮助学习者实现学习目标的辅助者。教师在教学的过程中不仅是授课者更是辅助者，这种教学模式完成了学生从被动学习到主动学习的转变，彻底打破了以教师为中心的课堂教学模式。相比于传统教学法，建构主义教学更注重培养学生的独立学习精神和主动性，让学生主动发现问题，并且主动解决问题。在实际教学中，教师根据学生的学习基础和认知规律设置适合的翻译情境、翻译任务，让学生主动参与翻译活动，在活动中彼此学习、共同讨论，主动构建与灵活运用翻译技巧，提高学生在实际情境中的翻译运用能力。学生的主动性和创造性在教师设置的翻译情境中得到充分发挥，这样的教学过程不仅仅是知识的传递更是知识的转换与交流。

选用恰当的情境布置翻译任务。在实际翻译教学中，强调翻译的实用性是每个商务英语教师都应该重视的理念。因此在教学中实际、恰当的情境布置对提高学生翻译能力，让学生通过对话、交流解决情境中遇到的翻译问题，从而促进知识经验的增长和翻译知识体系的扩充是非常有效的。教师在教学中可以适当运用教学手段实现情境布置。根据商务英语的特点，商务英语翻译教学应多维度推行，侧重于商务英语翻译的专业性和实践性；明

确商务英语的语言特点，不能呆板地沿用传统的翻译标准，应适当采用直译、调整性译法、仿译等创新性翻译方法。把影片、音乐、视频等多媒体手段和网络资源引入教学过程中，让学生有浸润感。学生在教师布置的情境中，被最大限度地调动起交流、翻译的积极性。例如，在商务广告翻译课中，教师可以向学生播放天猫"双十一"广告让学生进行汉译英翻译训练，同时也可以让学生观看亚马逊网站的广告进行英译汉训练。这样的同类型中英广告对比翻译，让学生在有限的时间内体会到翻译的灵活性、及时性。同时可以对学生进行分组，让学生在互相交流中发现自身翻译的不足，促进学生自主学习。在教师设置的情境中，学生可以自由参与，不把自身的翻译错误当作关注的重点，敢于翻译、尽情交流，在自由平等的氛围中感受翻译的魅力。

把主动建构职业意识贯穿翻译实践。教师在实际教学中应该主动建构职业意识并贯穿翻译实践，帮助学生积极完成校内教学和课外实习。在校内实践方面，教师应该在课余时间安排学生参加一些实训课，鼓励学生在设定情境中尽情发挥。教师在实训课上向学生提供适当的学习资源，如提供一些真实的商务规划书、合同、文案、广告等，提高学生的笔译能力。由于商务人员往往面对的很可能是来自多个国家的英语使用者，有些是英语国家的，而有些是非英语国家的。教师在提供语音或视频资料时应该有意识地选择一些非英语第一语言国家的音频，让听惯了标准英音或美语的学生实际感受一下一个商务英语经常遇到的情况。在校外实训方面，教师应该为学生安排一些翻译任务多样化的实习单位。在校外实训时，很多学生遇到的问题就是专业术语能力不足，在最开始实习时听不懂话、翻译不明白。在现实问题下，大部分学生都会选择主动查阅词典，丰富词汇量，进而把所学的翻译知识运用到职业翻译中来。这样的校外实训让学生在实习中形成翻译职业人应该具备的素质。

教师作为学生翻译事业的引路人，应当积极实践建构教学理论，帮助学生完成从学习者到职业翻译者的转变，使学生在跨入社会时，能够具备应对各种商务问题的能力，让学生能够迅速适应商务翻译工作。当今国际经济一体化趋势不断加强，国际商务活动日益频繁，招商引资、对外贸易、技术引进等商务活动无不涉及商务英语。在此大形势下，培养出精通中西语言知识、具有广博的国际商务知识和高超翻译技能的实用型商务英语翻译人才是当前商务英语翻译教学的宗旨。商务英语具有十分明显的商业性、大众性和时代性特点，特定的文化背景和价值观在很大程度上影响着商务英语交流活动的结果。它所面对的不只是简单的语言转换。对于商务英语翻译教学来说，教学改革依然是任重而道远的。教师应在建构主义理论的引导下，在实际教学中以学生为中心，打破传统教学的禁锢，让学生在教师构建的情境下完成翻译，促进学习、交流；帮助学生独立思考、解决问题，这样的训练无疑为他们未来的职业生涯打下坚实基础，学生在教师的引导下逐渐意识到商务英语翻译的重点不仅仅是商务知识的运用，更是翻译能力的运用。建构主义理论在商务英语教学中的应用为商务英语教师打开了新的大门，让商务英语翻译教学可以根据不断变化的环境进行调整，为学生创造主动构建知识的渠道，提高商务英语翻译人才的素质。

第六章 商务英语语篇翻译

第一节 商号、商务名片的翻译

随着我国市场的进一步对外开放,越来越多的外国企业、公司等商业机构通过投资、转让以及设立驻华分支机构、代理机构等各种形式进入中国市场。各个商业机构为了扩大商家影响、增加市场份额并树立企业形象进行了大量的广告宣传,英文商号名称也大量地出现在招牌、广告、名片等宣传材料上。对于商务英语工作者而言,这些外国企业、公司的商号以及商务名片的翻译也就成了我们必须面对的问题。本节将就这一问题进行探讨。

一、商号的定义

关于商号我国理论界有不同的定义。有人认为商号是"商事主体在经营、服务活动中用于区别其他商事主体的特定名称,是商事主体人格化、特定化的表现形式,具有重要的识别价值",也有人认为商号是"商品生产者或经营者为了表明不同于其他商品生产者或经营者的特征而在商事交易中使用的特定名称",还有人将商号定义为"商人的姓名,商人以自己的商号从事法律行为,并以商号起诉和应诉"。我们可以看到,无论是以上哪一种定义,都从某方面揭示了商号的本质,据此,笔者认为商号(Trade Names)主要是指商事主体所有的、在商事交易中使用的、具有明显识别价值的专有名称。商号是一种无形财产,能在经营活动中为企业带来除商品和服务本身价值之外的利益,是区别于其他企业的标志。例如:

Wal-Mart Stores(美国)沃尔玛百货公司

Royal Dutch Shell Group(荷兰)荷兰皇家壳牌石油公司

SINOPEC Group(中国)中国石油化工集团公司

China National Petroleum(中国)中国石油天然气集团公司

Exxon Mobil(美国)埃克森美孚

Toyota Motor(日本)丰田汽车公司

Volkswagen(德国)大众公司

Samsung Electronics(韩国)三星电子

International Business Machines(美国)国际商用机器公司

商号是一种符号,就如同人的姓名一样,商号有着鲜明的语言特点,具有指代、区别以及说明的功能。英美企业或公司命名一般是将创始人或合伙人的姓氏,或是商号的名称置于"…PLC./plc.""…Co., Ltd.""…Inc.""…Corp."之前,或者加上公司注册、经营地址。通过商号,我们可以直接或间接地获取一些有关企业的经营性质和业务范围等一系列的信息。例如:众所周知的美国McDonald's Corporation(麦当劳公司)的名称中McDonald即为其创始人;Marks & Spencer(英国)马克思斯班塞公司(M & S,另译:玛莎)就是以其创始人及合伙人的姓氏来命名的;Mizuho Holdings(瑞穗控股银行),从这个商号名称中我们可以得知这家银行的经营性质是股份制;Dow Chemical Company(陶氏化学公司)这个商号名称告诉我们:这是一家主要生产经营化工产品的公司。再如:Birmingham Food Products Limited,通过该商号的名称,我们可以获取以下信息:公司经营、注册所在地:伯明翰;公司业务范围:食品;公司性质:有限公司。

一般来说,比较常见的商号名称有以下几种形式:

(1)商号名称能够反映出公司的生产对象或经营范围,如:

Minnesota Mining and Manufacturing Company(美国)明尼苏达矿业及制造公司

Phillips Petroleum Company(美国)菲利普石油公司

American Telephone & Telegraph Corporation(AT&T)美国电话电报公司

(2)商号用普通名词命名,如:

May Department Stores(美国)五月百货公司

Rain Bird International Inc.(美国)雨鸟国际公司

Sun Life Assurance of Canada(加拿大)加拿大太阳人寿保险公司

(3)商号名称与其产品名称相同,如:

Coca-Cola Enterprises Inc.(美国)可口可乐企业公司

Dell Computer Corporation(美国)戴尔电脑公司

Canon Inc.(日本)佳能公司

二、商号的翻译

企业拥有一个好名字本身就会产生一种无形的魅力,是人们公认的"无形"资产。企业的成功虽不完全取决于名字的好坏,但名字无疑是影响企业发展的重要因素。名字不单纯是一个符号,其背后蕴藏着丰富的思想寓意、文化背景,也是企业理想和实力的展现。成功的商号翻译对于企业和公司来说往往是至关重要的,适当而妥帖的商号译名是企业或公司开拓其国际市场的有力工具。一个成功的例子就是McDonald's Corporation。如果将McDonald's直译为"麦克唐纳的店",就显得过于平淡,既不简洁也不上口,而译成"麦当劳"就非常成功。一般来说,英美国家公司、企业的命名通常都比较复杂,尤其是以一个甚至多个复杂而冗长的姓氏命名的情况下,在翻译过程中就很可能会遇到困难或出现问题。特别是一些还没有固定译名的中小企业,如果把握不当,就不会译出高质量的商号译名。那么,商号的翻译有没有规律可循呢?

(一)商号的翻译原则

虽然商号的名称复杂多样,但是经过无数译者多年来的实践和摸索,我们还是可以总结出一些规律的。这些原则和标准归纳起来主要有以下三点:

(1)译名首先应该准确。要准确地体现出商号的原名,避免出现不同公司同名或同一公司不同名的现象,同时汉语译名中的音、字也应当固定。否则不仅不利于企业业务的开展,还可能会引发一些不必要的麻烦。要准确地传达原名的发音和词义,译名就应该尽可能地在音、义上与原名相近。例如:

Compaq Computer Corporation(美国)康柏电脑公司

Walt Disney Company(美国)沃特迪士尼公司

Goodyear Tire & Rubber Company(美国)固特异轮胎橡胶公司

Woolworths Group PLC.(澳大利亚)沃尔沃斯有限公司

(2)译名应简洁而响亮。译名选词应尽可能简洁并具有褒义或吉祥的语义,要做到上口、响亮,同时还要特别,具有美感,易于识别和传播。例如,世界著名的德国汽车公司"Mercedes-Benz AG."(梅赛德斯·奔驰公司),简称"奔驰汽车公司"。其译名"奔驰"既简洁又响亮,同时也凸显了该公司产品的品质特点,在具有美感的同时也起到了积极的宣传作用。更多的例子如下:

Whirlpool Corporation(美国)惠尔普公司

Procter & Gamble(美国)宝洁公司

Kimberly-Clark Corp.(美国)金佰利克拉克公司

Merrill Lynch & Co., Inc.(美国)美林有限公司

Carrefour SA.(法国)家乐福股份有限公司

Textron Inc.(美国)德事隆公司

(3)凡已有约定俗成译法的应该一律从"俗"。即使原来的译法不大合适或不够准确,也不要轻易改动。翻译时应考虑以当前通行的译名为准。例如:

Standard Charter Bank(英国)标准渣打银行

Nestlé S.A.(瑞士)雀巢公司

First National City Bank(美国)花旗银行

(二)商号的翻译方法

在将英文商号译成中文的过程当中,通常采用以下四种方法:

1. 音译法

音译法顾名思义就是以语音为翻译的标准,将外国公司、企业的名称按其发音译成汉

语。音译法一般用来翻译以人名或缩略语构成的公司名称。汉语译名应力求通俗、易懂、雅致，切忌使用晦涩难懂的字眼。同时也要考虑译名的美感，以充分体现商号的特质，达到宣传的作用。例如：

Metro AG.（德国）麦德龙股份公司

Mars Inc.（美国）玛氏公司

Boeing Commercial Airplane Group（美国）波音商用飞机集团

Hewlett-Packard Company（美国）惠普公司

ABC Electronic Co., Ltd. 爱百思电子有限责任公司

Allstate Corporation（美国）好事达公司

Adidas AG.（德国）阿迪达斯公司

Canon Inc.（日本）佳能公司

L.M.Ericsson（瑞典）爱立信公司

Delphi Automotive Systems（美国）德尔福汽车系统公司

以及 Google（谷歌）、Renault（雷诺）、Intel（英特尔）等。

2. 意译法

虽然音译词最能体现外来词的原汁原味，但是相比之下，意译有时比音译更容易理解，比音译简洁明快，而且歧义少。意译法一般用来翻译以国名、地名或普通名词构成的公司、企业名称。例如：

United Parcel Service, Inc.（美国）联合包裹服务公司

Royal Bank of Scotland（英国）苏格兰皇家银行

Federal Express Corporation（美国）联邦快递公司

British Petroleum plc.（英国）英国石油公司

American Mgmt.Systems（美国）美国管理系统公司

UnitedHealth Group, Inc.（美国）联合健康集团公司

France Telecom（法国）法国电信公司

（三）沿用法

有些知名老牌外国公司或企业的汉语译名由来已久，已成为人们公认的标准名称，因此，在翻译过程中应沿袭约定俗成的译名，不宜改动或重译，否则可能会造成误解。例如：

HSBC(Hong Kong & Shanghai Banking Corporation)Holdings plc.（英国）汇丰控股有限公司

First National City Bank（美国）花旗银行

Cable & Wireless plc.（英国）大东电报局

J.P.Morgan Chase & Co（美国）J.P. 摩根大通银行

（四）直接引用法

这种方法适用于一些以缩写字母命名的商号。这些缩写字母可能不好翻译或翻译出来过于烦琐，因此我们通常的做法是直接引用原名。例如：

SBC Communications Inc.（美国）SBC 通讯公司

CVS（美国）CVS 公司（连锁药店）

HCA（美国）HCA 公司（医院运营商）

CMS Energy Corp.（美国）CMS 能源公司

TJX（美国）TJX 公司（专业零售）

BAE Systems（英国）BAE 系统公司（航天国防）

CDW Computer Centers（美国）CDW 计算机中心

然而，有规则就有例外。在翻译实践当中，有时并不是只采用某种单一的翻译方法。而是需要将以上介绍的几种方法灵活地结合起来。例如，有些公司、企业的名称由专有名词加普通名词构成，其汉语译名往往就采用音译和意译结合的方法，即专有名词部分根据其发音进行音译，而普通名词部分则根据其意思进行意译。有些公司、企业的名称既可以直接引用，也可以采用音译法来翻译。如：

Sunkist Growers Inc.（美国）新奇士果农公司

Unilever（英国）联合利华公司

Barton Protective Services（美国）巴顿保安服务公司

Midland Bank（英国）米兰银行

Kingston Technology Company（美国）金士顿科技公司

Nortel Networks（加拿大）诺特尔网络公司/北电网络公司

TUI AG.（德国）TUI 公司/途易公司（旅游企业）

（五）商号翻译中应注意的问题

在翻译商号的过程中，要特别注意以下几个问题：

英语中表示"公司"词语的翻译。英语中表示"公司"的词很多，在翻译英文的公司、企业名称时，我们应该知道这些单词之间的基本差别，以便选择恰当的词汇。有些单词用于公司、企业名称时可以使其经营性质和业务范围一目了然，如 Consultancy 一般指咨询公司、顾问公司；Publisher（亦作 publishing company）指出版公司；Agency 表示代理公司；Entertainment 指娱乐公司。总的来说，比较常见的表示"公司"的词汇包括：Company，公司，常缩写为 Co，一般是指按照公司法规定的程序组织的以营利为目的的社团或公司。如：

New World Trading Company（香港）新世界贸易公司

Ford Motor Company（美国）福特汽车公司

Permanent Industrial Company（香港）永祥实业公司

Gulf Energy and Minerals Company（美国）海湾能源与矿业公司

Hewlett-Packard Company(美国)惠普公司

Eliza Company(香港)伊利莎公司

Shell Oil Company, USA(美国)壳牌石油公司

需要注意的是,"Company"常常会与"limited"连用,缩写为:"Co., Ltd."(表示"有限公司")。例如:

American International Assurance Co., Ltd.(美国)美国友邦保险有限公司

Japan Telecom Co., Ltd.(日本)日本电信有限公司

Nokia(China)Investment Co., Ltd.诺基亚(中国)投资有限公司

Johnson(China)Co., Ltd.强生(中国)有限公司

Corporation,股份有限公司,缩写为Corp.。常用于美国英语,指具有法人资格的公司。相对于"Company"而言,"Corporation"一般规模较大或者开展的业务较广。

例如:

British Broadcasting Corporation(英国)英国广播公司

McDonnell Douglas Corporation(美国)麦克唐纳道格拉斯(麦道)公司

Hershey Foods Corp.(美国)好时食品公司

Unicorn Microelectronics Corp.(美国)Unicorn微电子公司

Caltex Oil Corp.(美国)加德士石油公司

在美国英语中,"Inc."常用于公司名称之后,是"incorporated"的简写形式,表示股份有限公司。例如:

Air Berlin, Inc.(德国)柏林航空公司

Circuit City Stores, Inc.(美国)巡回城市百货公司

United Health Group, Inc.(美国)联合健康集团

Nike Inc.(美国)耐克公司

United Airlines Inc.(美国)联合航空公司

PLC.(Public Limited Company,简称Public Company),股份有限公司。英国英语,指公司股份可由社会大众认购,其股票公开上市并进行交易的公司。习惯上缩写为:PLC.或plc.,置于公司、企业的名称之后。例如:

British Petroleum plc.(英国)英国石油公司

Imperial Chemical Industries PLC.(英国)帝国化学工业公司

CGNU plc.(英国)CGNU公司

Stores,百货公司。例如:

Federated Department Stores(美国)联合百货公司

Winn-Dixie Stores Inc.(美国)温迪克西百货公司

Great Universal Store(英国)大世界百货公司

Tesco Stores(英国)坦斯科百货公司

Line(s)，可以单独或者作为词缀用在轮船、航空、航运等公司的名称中。例如：

Australia Container Line(澳大利亚)澳大利亚集装箱航运公司

Delta Air Lines(美国)德尔塔航空公司

Japan Airlines(日本)日本航空公司

Trans Canada Pipelines(加拿大)泛加输油管道公司

American Export Lines(美国)美国出口航运公司

Hawaiian Air Lines(美国)夏威夷航空公司

Carnival Cruise Lines(美国)嘉年华邮轮公司

Airways，航空公司。例如：

British Airways PLC.(英国)英国航空公司

All Nippon Airways(日本)全日空航空公司

Industries，实业公司、工业公司。例如：

Farmland Industries(美国)农场工业公司

Fuji Heavy Industries(日本)富士重工业公司

Allied Food Industries Co.(新加坡)联合食品工业公司

Products，产品公司，多用于与制造、销售产品有关的公司名称中。例如：

Snow Brand Milk Products(日本)雪印乳业公司

American Home Products(美国)美国家庭用品公司

Maxim Integrated Products(美国)最大集成产品公司

Motorola Semiconductor Products(美国)摩托罗拉半导体公司

Enterprise(s)，企业公司、实业公司。例如：

Nationwide Insurance Enterprise(美国)全国保险企业公司

Solarise Enterprises(美国)感光企业公司

JM Family Enterprises(美国)JM家庭企业公司

Service(s)，主要指服务性质的公司。例如：

Zurich Financial Services(瑞士)苏黎世金融服务公司

United Parcel Service(美国)联合包裹运送服务公司

Sun Life Financial Services(加拿大)永明金融集团公司

System(s)，系统公司。例如：

Adobe Systems(美国)Adobe系统公司

Cisco Systems(美国)思科系统公司

Pacifi Care Health Systems(美国)太平洋健康系统公司

Electronic Data Systems(美国)电子数据系统公司

BAE Systems(英国)BAE系统公司

Mutual Broadcasting System(美国)相互广播公司

Microelectronics Integrated System(比利时)微电子集成系统公司

Group,集团、集团公司。例如：

American International Group(美国)美国国际集团

Rwe Group(德国)莱茵集团

Goldman Sachs Group(美国)高盛集团公司

Royal & Sun Alliance Insurance Group(英国)皇家太阳联合保险集团

Lloyds TSB Group(英国)劳埃德 TSB 集团

Liberty Mutual Insurance Group(美国)利保相互保险集团

Commodore Semiconductor Group(美国)柯莫德半导体集团公司

Holdings,控股公司。例如：

HSBC Holdings plc.(英国)汇丰控股有限公司

Accenture Canada Holdings(加拿大)埃森哲加拿大控股公司

Daiwa Bank Holdings(日本)大和银行

ABN AMRO Holding(荷兰)荷兰银行控股公司

Laboratories,多指制药公司。例如：

Abbott Laboratories(美国)雅培制药公司

Alcon Laboratories(美国)爱尔康公司

Associates,(联合)公司。例如：

British Nuclear Associates(英国)英国核子联合公司

Manhattan Associates, Inc.(美国)曼哈顿联合软件公司

Computer Associates International, Inc.(美国)国际联合电脑公司

Networks,指网络公司。例如：

Nortel Networks(加拿大)诺特尔网络公司/北电网络公司

Micro Networks Company(美国)微网络公司

Communications,通讯公司、通信公司。例如：

Qwest Communications International Inc.(美国)奎斯特通讯国际公司

Verizon Communications(美国)弗莱森通信公司

Stanford Telecommunications Inc.(美国)斯坦福电信公司

公司名称中 Son(s), Brothers, & 等词和符号的翻译。国外公司、企业的名称中有时会出现 Son(s), Brothers, & 之类的单词或符号。一般会将 Son(s), Brothers 汉译为"父子公司""兄弟公司"等，而"&"一般情况下不需要翻译出来。例如：

Chubb & Son Insurance(美国)查布父子保险公司

A.G.Edwards & Sons, Inc.(美国)A.G.爱德华父子公司

E.D.Smith & Sons(加拿大)E.D. 史密斯父子公司

Brooks Brothers(美国)布克兄弟公司

Toll Brothers Inc.(美国)托尔兄弟公司

Mitsubishi Electrics & Electroics USA,Inc.(美国)三菱电气电子美国公司

Johnson & Johnson(美国)强生公司

Great Atlantic & Pacific Tea(美国)大西洋和太平洋茶叶公司

"总公司""分公司"和"子公司"的翻译方法。在英美国家公司、企业的名称里,可以表示"总公司"含义的词有"corporation""central""national"和"international",但作为商号名称,通常很少将"总"字翻译出来。例如:

Harris Corp.(美国)哈里斯公司

Central Oil Company(美国)石油总公司

National Semiconductor Corporation(美国)国家半导体公司

International Flavors & Fragrances Inc.(美国)国际香料香精公司

Dawson International Inc.(美国)道森国际有限公司

英语中表示"分公司""子公司"的单词主要有:branch,office,subsidiary,此外还有 affiliated company,associated company 等。要注意的是这些词的含义有所不同。

branch,office 用于公司、企业名称中指隶属于某一公司的分支业务机构。一般译为"分公司""办事处"。如:

Hong Kong Ocean Gold & Silver Coins Co.,Ltd.Taiwan Branch(香港)香港大洋金银币有限公司台湾分公司

Physical Aciystics Corp.Beijing Office(美国)物理声学公司北京代表处

Subsidiary 指百分之五十以上有表决权的股票受母公司控制的公司,一般译为"子公司",用于企业、公司名称时也可译为"分公司"。如:

Onhing Paper(Tianjin)Co.,Ltd.Beijing Subsidiary 安兴纸业(天津)有限公司北京分公司

affiliated/associated company 的意思是"附属公司""分公司""联营公司"。如:

Associated British Picture Corporation(英国)英国联合影业公司

英语中表示"工厂"的词语翻译。正如"公司"一样,英语中表示"工厂"的单词也有很多,如 confectionery 指糖果厂;brewery,winery,distillery 指酿酒厂;mint 指制币厂;shipyard 指船厂;foundry 指铸造厂;refinery 指精炼、精制、冶炼厂类;pottery 指陶器厂;tannery 指制革厂。较为常见的表示"工厂"的单词有:factory,该词是最通用的,可以指各种工厂。如 an ink factory 墨水厂;a piano factory 钢琴厂。用于公司、企业名称如下:

American Blind & Wallpaper Factory Inc.(美国)盲人和墙纸工厂公司

Dragon Iron Factory Co.,Ltd.(台湾)龙昌螺丝工厂有限公司

Luen Hing Printing Factory Ltd.(香港)联兴印刷厂有限公司

plant 一般用来指规模较大的工厂,通常多指电力或机械制造等行业的大型工厂。如:a power plant 电厂,a machinery plant 机械厂。用于公司、企业名称,如下:

Bentley Plant(美国)奔特力工厂

Typical World Scale CTL Plant(美国)典型世界级煤液化工厂

Bakerfield Biodiesel Plant(美国)贝克菲尔德生质柴油工厂

works 一般指较大的工厂或是重工业工厂,如 a steel and iron works 钢铁厂;a water works 自来水厂。用于商号名称,如:

American Water Works(美国)美国自来水厂

Kinn Shang Hoo Iron Works(台湾)金盛号铁工厂

mill 通常指轻工业或手工业工厂。如 a paper mill 纸厂;a timber mill 木材厂;a textile mill 纺织厂;a flour mill 面粉厂等等。用于商号名称也可译作"公司"。如:

General Mills Inc.(美国)通用食品公司

三、商务名片的内容及翻译

商务名片(Business Card)详细记载了其持有者的姓名、身份、职位以及其他信息,是现代社会中应用极为广泛的一种交流工具,也是商务交际中不可或缺的一个展现个性风貌的必备工具。一张小小的名片可以映射出一个人甚至其所属企业、公司的群体文化来,因此在社交场合上发挥着越来越重要的作用。应该说随身携带名片,选择适当的机会出示和交换名片已成为现代商业人士的必备礼仪。

(一)商务名片的内容及作用

仅从外表来看,名片只是一张不起眼的小纸片,但它却承载着丰富的信息。一般来说,名片的主要功能是通联,既能使人们在初识时言行举止更得体,又可以建立以后联系所必需的信息。随着名片使用的日益广泛,其设计和样式越来越新颖,也越来越多样。但就名片涵盖的文字信息来看,其内容主要包括以下几项:名片持有人的姓名、职位、所在单位名称、通信地址、邮政编码、联系电话、E-mail 地址等。归纳起来,名片的内容大致可分为四个部分:①所在单位及部门名称;②持有人姓名;③职位或职称;④联系方式。本节将从这几部分入手,对如何翻译英文商务名片进行探讨。

英文商务名片一般置于首位的是持有人姓名和公司名称(或公司的标识),这样可以突出持有人的身份所属,同时强化并树立企业形象;职位一般印在名字之下,公司名称、姓名和职位一般采用不同的字体,便于识别;然后是详细地址,按照从小到大的顺序依次列出公司所处的街道、市镇和国家,最后是联系方式,一般都置于名片的下方或右下角。

(二)人名及地址的翻译

1. 名片持有人姓名的翻译

人的姓名是指称某一特定人的语言符号。英文人名的汉译不仅牵涉译音的准确度问题,还关系到两种文化各自的特质以及作为文化体现者的语言特性。姓名一般都有着深厚的文化渊源,蕴含着美好、吉祥或是健康向上的含义。无论是汉语姓名的构成,还是英语姓名的构成，尽管在一定程度上存在着文化差异，但就其构成要素而言，一般都包括两部分，即姓氏和名字。需要注意的是两种不同文化在姓名上体现出来的差异：汉语姓名的排列顺序一般是先姓后名；而按照英文的习惯，则通常是先名后姓。英语姓名的一般结构为：教名＋自取名＋姓。如 William Jefferson Clinton（威廉·杰弗逊·克林顿）。但在很多情况下中间名往往略去不写，如 George Bush（乔治·布什）。此外，英文人名的构成还有一种情况，就是含有序数词的人名，如 Elizabeth II（伊丽莎白二世），Henry VI（亨利六世）。正是基于对这种文化差异性的认识和考虑，我们翻译名片持有人姓名的过程中，要尊重英文的书写和表达习惯，通常的做法是先名后姓，名、姓之间用点隔开。

英文人名汉译过程中普遍采用的方法是音译法。对人名进行音译可以实现指称意义上的信息对等。在选择汉字时，应尽量采用含义美好或中性的字词，注意译名选字的通用性及性别差异，且选择的汉字应容易识别和记忆。例如：Debbie Milton（黛比·米尔顿）。"Debbie"为女子名，选用"黛"字既能体现出性别又赋予汉语译名一种美好的感觉。又如，David Smith（大卫·史密斯），"David"和"Smith"都属于比较常见的英文名、姓，翻译选字时应采用较通用的译法。再如，James Monroe，[詹姆斯·门罗：美国第五位总统（1817年～1825年在位），以提出"Monroe Doctrine"（"门罗主义"）而闻名]和 Marilyn Monroe（玛丽莲·梦露：美国著名影星）。"门罗"和"梦露"都译自"Monroe"，这是一个典型的一名二译的例子。想象一下要是把电影明星改成"门罗"，恐怕太严肃了一点，不够"美轮美奂"；让总统改叫"梦露"，则不免失之轻佻，"梦露主义"又会是什么感觉呢？因此翻译时注意性别差异还是很重要的。

有些外国人士由于业务关系也为自己取了中文姓名，这时需要尊重他们本人的意思，名从其主，采用他们本人的选字。如 Jolie Haug（郝周莉）；Lily Pampus（潘蕾蕾）等。当有些英语人名的构成中包括缩写时，我们采用部分翻译的方法，即将其字母缩写部分原样保留，其他部分则采用音译的方法。例如，Ronald W.Reagan（罗纳德·W.里根），M.H.Thatcher（M.H.撒切尔）。

2.商务名片中地址的翻译

从上文的英文名片样本来看，名片上的英文地址写法和信纸上地址的写法相同，采用从小到大的顺序。与汉语地址的写法顺序正好相反。例如，1260 Lincoln Street，Denver，CO 80203，USA（美国科罗拉多州丹佛市林肯街1260号，邮编：80203）

由普通名词构成的地名常常采用音译法。例如：

Manhattan Avenue 曼哈顿大街

Victorian Street 维多利亚大街

Madison Road 麦迪逊路

也有些普通名词构成的地名采用意译法，如：

Riverside Drive 河边大道

West Park Ave. 西园大街

5th Ave. 第五大街

有些英文地名、路名已经有约定俗成的译法,在翻译时应采用已经接受的译法,以免产生歧义和误解。如:San Francisco 旧金山;Los Angeles 洛杉矶;Munich 慕尼黑。

此外,英文名片上关于地址的常用缩略词如下:

Apt.(Apartment)公寓

Bldg.(Building)大厦,大楼

Ave.(Avenue)大街,大道

Blvd.(Boulevard)林荫大道

St.(Street)街

Rd.(Road)路

Sq.(Square)广场

E.,S.,W.,N.(East,South,West,North)东、南、西、北

N.E.,S.E.,etc.(Northeast,Southeast,etc.)东北、东南等

(三)组织机构及部门名称的翻译

现代企业下设各种职能部门,它们分工不同,各司其职,分布于企业的生产、销售、服务及流通等各个环节。在名片中,有时部门与职务职称融合在一起,如 Sales Manager(销售经理),有时部门名称也会单独列出,以下是一些常见的公司、企业部门名称及其翻译。

1. 企业领导、决策层的部门

Board of Directors 董事会

General Manager Office 总经理室

General Office 总办事处

Administration Dept. 行政管理办公室

2. 企业生产环节的部门

Production Dept. 生产部

Product Development Dept. 产品开发部

Research and Development(R.& D.)Dept. 研发部

Planning Dept. 企划部

Q.& C.Dept. 质量控制部

Project Dept. 项目部

Engineering Dept. 工程部

Industrial Dept. 工业部

3. 企业流通环节的部门

Dispatch Dept. 发货部

Purchasing Dept. 采购部

Material Dept. 材料部

Logistics Dept. 物流部

4. 企业销售环节的部门

Sales Dept. 销售部

Sales Promotion Dept. 促销部

Marketing Dept. 营销部

Business Office 营业部

Import & Export Dept. 进出口部

International Dept. 国际部

After-sales Dept. 售后服务部

5. 企业服务及其他环节上的部门

Accounting Dept. 财务部

Personnel Dept. 人事部

Human Resources Dept. 人力资源部

Advertising Dept. 广告部

Public Relations Dept. 公关部

Technology Dept. 技术部

Training Dept. 培训部

（四）职位、职称的翻译

翻译是一种跨文化交际。由于译出语与译入语所属的语言环境不同，语言之间不可能完全对等。由于英汉政治制度与经济体制上存在差异，英汉职位、职称也同样存在不对等的现象，翻译时经常会出现难译或误译的情况。因此我们有必要了解英文职务职称的翻译。

1. 常见职务名称的翻译

现将一些常见的英文职位职称及其相应的汉译列举如下：

CEO（Chief Executive Officer）首席执行官

CKO（Chief Knowledge Officer）首席知识官

COO（Chief Operating Officer）生产主管

CFO（Chief Finance Officer）财务主管、财务总监

CIO（Chief Information Officer）资讯主管、信息总管

President 总裁

Chairman 董事长

Honorary Chairman 名誉董事长

Executive Director 执行董事

Commercial Counselor 商务参赞

Economic Counselor 经济参赞

Commercial Attaché 商务专员

Economic Attaché 经济专员

Trade Representative 商务代表

Senior Customer Manager 高级客户经理

Business Manager 营业部经理

Sales Manager 销售经理

Sales Assistant 销售助理

Salesperson 销售员

Sales Representative 销售代表

Regional Sales Manager 地区销售经理

Merchandising Manager 采购经理

Marketing Consultant 市场顾问

Marketing and Sales Director 市场与销售总监

Market Research Analyst 市场调查分析员

Manufacturer's Representative 厂家代表

Customer Representative 客户代表

Certified Public Accountant 注册会计师

Senior Accountant 高级会计师

Cashier 出纳员

Senior Auditor 审计员

Statistician 统计师

Statistical Clerk 统计员

Advertising Manager 广告经理

Project Manager 项目经理

Technical Engineer 技术工程师

Systems Programmer 系统程序员

Computer Operator 电脑操作员

Director of Information Services 信息服务主管

Applications Programmer 应用软件程序员

Director of Human Resources 人力资源总监

Assistant Personnel Officer 人事助理

Job Placement Officer 人员配置专员

Training Specialist 培训专员

2.一些表示副职的英文职称的翻译

(1)vice-

vice- 常与 President，Chairman，Chancellor 等职位较高的词连用。例如：

vice-Chairman 副主席

Vice-President 副总裁

Vice-Chancellor 副校长

Vice-Manager 副经理

(2)Deputy

Deputy 主要用来表示企业、事业及行政部门的副职。例如：

Deputy Chairman of the club 俱乐部副经理

Deputy Planning Director 规划部副主任

Deputy Director 副主任

Deputy Secretary-general 副秘书长

(3)Associate

Associate 主要用来表示技术职称的副职。例如：

Associate Professor 副教授

Associate Chief Physician 副主任医师

Associate Research Fellow 副研究员

(4)Assistant

Assistant 表示"助理"。例如：

Assistant Engineer 助理工程师

Assistant Manager 经理助理

第二节　商务广告的翻译

"广告"（advertise）一词源于拉丁语 advertere，意为"唤起大众对某种事物的注意，并诱导于一定的方向所使用的一种手段"。《简明不列颠百科全书》把广告定义为："广告是传播信息的一种方式，其目的在于推销商品、劳务、影响舆论，博得政治支持，推进一种事业或引起刊登广告者所希望的其他反应。"也有学者将其定义为"广告是将各种高度精练的信息，采取某种或某些艺术手法通过各种媒介手段传播给大众，以加强或改变人们的观念，最终促使人们行为的事物和活动"。随着经济的发展，广告已渗透到社会生活的各个领域，它与我们的日常生活紧密相连，无论在国内还是国外，广告都随处可见。广告活动不仅是一种经济活动，给人们带来新的商品和服务，同时还是一种文化交流，是传播文化的主要媒介之一。随着国际广告事业的蓬勃发展，外国广告大量涌入，对英语广告的语言特点及其翻译的研究具有十分重要的现实意义和实用价值。

一、广告的分类和语篇策略

衡量成功的商务广告的标准之一是看它是否符合美国 E.S.Lewis 所提出的四项要求，即 AIDA 原则：Attention（引起注意），Interest（发生兴趣），Desire（产生欲望），Action（付诸行动）。

（一）广告的分类

广告包括很多种类，而且从不同的角度看有不同的类别。Torben Vestergaard & Kim Schroder 在其著作 The Language of Advertising 中，将广告分为两大类，即 commercial and non-commercial advertising（商业广告和非商业广告）。商业广告又分为三种：prestige/goodwill advertising（信誉广告）、industrial/trade advertising（产业/贸易广告）、consumer advertising（消费者广告）。他们又从版面设计的角度将广告分为 Classified Advertisement（分类广告：按内容分类，按栏数、行数甚至字数收费的小型广告）和 Display Advertisement（陈列广告：有图有文，按面积收费，通常需照相制版）。

此外，我们还可以从以下不同的角度给广告分类：

（1）从广告发布的媒体来看，可分为：Newspaper Advertisement（报纸广告）、Magazine Advertisement（杂志广告）、Television Advertisement（电视广告）、Radio Advertisement（收音机广告）、Internet Advertisement（网络广告）、Direct Mail Advertisement（直邮广告）、Outdoor Advertisement（户外广告）等。

（2）从广告的受众来看，可分为：Consumer Advertisement（消费者广告）、Business Advertisement（商务广告）和 Service Advertisement（服务广告）。

（3）从广告所涉及的范围来看，可分为：Product Advertisement（产品广告）、Enterprise Advertisement（企事业广告）。

（4）从产品的生命周期来看，可分为：Introduction Advertisement（介绍性广告）、Sales Advertisement（销售性广告）。

（5）从广告发布的区域来看，可分为：International Advertisement（国际广告）、National Advertisement（国内广告）、Regional Advertisement（地区广告）。

（6）从广告的制作方式来看，可分为：Text Advertisement（文字广告）、Audio Advertisement（音频广告）、Audio and Visual Advertisement（音频视频广告）、Cartoon Advertisement（动态广告）。

以上只是广告的一个粗略分类，由此我们可以看出广告的多样性和复杂性。值得注意的是，尽管各种不同类别的广告在语言特征、风格、功能、目的上具有一些相似性，但不可避免地也存在一些差异。这些差异就要求译者在翻译不同类别的广告过程中采用不同的翻译方法和技巧，本节着重讨论商务广告的语篇策略、语言特点和翻译方法。

（二）商务广告的语篇策略

作为一种具有很高商业价值的实用文体，广告一般由语言文字（Verbal）和非语言文字（Nonverbal）两部分组成。语言文字部分包括：标题（Headline）、正文（Body Text）和口号（Slogan）；非语言文字部分包括：商标（Trade Mark）、插图（Illustration）和色彩（Color）、版面编排（Layout）等。

需要指出的是，虽然大多数商务广告的文案都包括这几部分，但是有些被大众所熟知的广告却只以"标题""口号"加上商标或插图的形式出现。

1.标题和口号策略

广告标题（Headline）是表现广告主题的短文或短句，是广告的核心。一则好的广告标题能够迅速引起读者的注意，吸引读者阅读广告正文，并且有助于给读者留下深刻的印象。在快节奏的现代社会里，大部分读者都会把注意力放在标题上。资源广告学家 David Ogrily 总结了多年广告创作经验并指出："平均来说，读标题的人数是读正文人数的五倍。"因此可以说，标题一经写成，1 美元的广告费花去了 80 美分，如果标题起不到推销作用，就等于浪费了 80% 的广告费。在广告中，广告口号（Slogan）是用简明的文字写出的具有宣传鼓动和加强印象作用的文字形式。它的结构与标题相似，有些口号甚至是从标题直接演变过来的。一般来说，广告的标题和口号应采用以下策略：

（1）用字节俭，精练醒目

例如：

诺基亚移动电话的广告标题：Use me。短短两个字，非常醒目，给人留下深刻的印象。

美国健牌香烟的广告标题：Cool taste.Kent style。只有四个字，却表现出此香烟与众不同的品位。

百事可乐的广告标题：Generation Next。简洁明确地传达品牌的定位，百事可乐从年轻人身上发现市场，把自己定位为新生代的可乐，可谓为自己创造了一个市场。

耐克的广告标题：Just do it。仅三个字，却正符合青少年一代的心态，要做就做，只有与众不同，只要行动起来。此标题富有动感，助推耐克迅速成为体育用品的著名品牌。

（2）形象生动，感染力强

广告标题如果只泛泛而谈，就很难感染读者，难以给读者留下印象；只有形象、具体、生动的语言才能引起读者的兴趣。

例如一则电动剃刀的广告标题：

Baby your legs.

此句将 baby(婴儿)活用为动词，意为"像对婴儿般对待、呵护"，显得非常生动。再如，奥林巴斯广告（Olympus）：Focus on life. 瞄准生活。飘柔广告（Rejoice）：Start ahead. 成功之路，从头开始。都可以说是形象生动，感染力强。

（3）别出心裁，标新立异

为了引起读者注意，广告标题往往追求新颖奇特、令人玩味的美妙效果。

例如：Saturday night on Sunday morning.

这是一则推销录像机的广告标题。看到此标题，读者不禁为标题中时间颠倒、违反常规而疑惑，直至看完正文才恍然大悟：录像机可以把周六精彩的节目录下来，到周日早晨再重放。此标题既新奇又耐人寻味。

（4）阐明利益，激发兴趣

人们在阅读广告时，总是考虑自己预期的收益，因此能让读者感受到切实利益的广告标题总是非常有效。

例如：

花旗银行（Citibank）的广告标题：A word to wealth.

一言致富，表明花旗银行可以带给读者的是财富。

2.语篇策略

英语广告常用的语篇策略模式有"一般—具体""问题—解决""原因—结果""假设—事实"等几种。除此以外，在版面较小的广告和小商品广告中，语篇常常采用"劝导—联系"策略，即直接进入主题——劝导购买行动，然后交代与公司的联系方式。总的来说，广告语篇运用得最多的是"一般—具体"和"问题—解决"策略。"一般—具体"语篇往往是先概述某产品的优越性能或服务的优越品质，然后再进行具体分述。这类语篇结构上略显平淡，但是它平实的语言中洋溢着诚恳和真情，这是它的制胜之处。"问题—解决"语篇可以扩充为"情景（Situation）—问题（Problem）—解决办法（Solution）—评估（Evaluation）"。一般先向受众提供情景，指人或物，也可能是时间或地点，然后指出问题，以吸引受众的注意力，激起受众的好奇心，然后推出广告产品作为解决问题的方法，最后从不同角度对产品进行评估，这部分往往是广告的主体部分，担负起介绍产品性能与特点的任务，把有关信息传递给受众或潜在消费者，以激发他们的购买欲望。这种策略可以用于篇幅较长的广告。

广告语篇策略的选择有一定的规律，但没有固定的方法，译者在翻译时可以根据产品或服务的复杂程度、文体的高雅或通俗、消费对象的性别、年龄、阶层等因素灵活选择。

二、商务广告的语言特点

作为一种商业性的语言，广告的目的在于说服或提醒人们购买某种产品或采取某种行动，具备"推销能力"（selling power），可以激起人们的购买欲望；广告也具备"记忆价值"（memory value），给人留下深刻的印象；它还具备"注意力价值"（attention value）和"可读性"（readability）。

为了使一则广告能在短短几秒钟内清晰准确、言简意赅地表达其商品的主题和丰富的含义，就须借助不同的修辞艺术来构思语言的表达方式，使其语言精练、生动有趣、新颖别致、耐人寻味、令人过目难忘，使广告语成为精雕细琢、匠心独具，语言艺术魅力与商业推销的有机结合体。

（一）广告英语的词汇特点

1. 常用形容词及其比较级、最高级

有位广告学家曾把广告称为一个"永远没有丑恶，没有苦难，没有野蛮的奇妙世界"。商家为了推销自己的商品，必然要对自己的商品进行粉饰和美化，因此广告中常常使用大量褒义的、赞美的形容词来说明产品的性能、品质及优点。英国语言学家 G.H.L eech 将英语广告中经常出现的形容词按其频率高低依次排列，前 20 个是：（1）new，（2）good/better/best，（3）free，（4）fresh，（5）delicious，（6）full，（7）sure，（8）wonderful，（9）clean，（10）special，（11）crisp，（12）fine，（13）big，（14）great，（15）real，（16）easy，（17）bright，（18）extra，（19）safe，（20）rich。仔细分析就会发现，在这些常用形容词中，"评价性的形容词"（evaluative adjectives）占大部分。商家甚至使用形容词的比较级或最高级来间接与同类产品相比较，突出自己的优点，以增强消费者的信心。

例如：

茶叶广告：Why our special teas make your precious moments even more precious?

其中形容词 special, precious 与比较级 more precious 的使用，突出了该茶叶的与众不同。

2. 广泛使用人称代词

为了使顾客对商品感到亲切，并增强其参与感（sense of participation），现代英语广告广泛使用人称代词，尤其是第二人称 you 的使用，拉近了商家与顾客的距离，也体现出商家处处为顾客着想的用心。

例如：

酒店广告：Our philosophy is simple.To give you the most important things you want when you travel.

手表广告：We made this watch for you—to be part of you.

此两则广告中 our，you，we 的使用，让顾客感觉如同和商家在进行面对面的交流，倍添身临其境的亲切感和对商家的信任度。

3. 杜撰新词怪词

广告中常使用词汇变异手段创造新词、怪词，使消费者能在不经意间注意到广告的商品。这样既体现了产品的新、奇、特，满足了消费者追求新潮的个性心理，又可取得某种修辞效果，引人注目，是推销商品的有效手段之一。

例如：

钓鱼广告：What can be delisher than fisher?

Delisher 是谐 delicious 之音故意杜撰出来的，目的与后面的 fisher 产生押韵的效果，突出钓鱼的乐趣。

4. 雅语、俗语各有特色

由于广告宣传的商品不同，面对的消费群体各异，所以广告的语体也有很大的差别。

广告中雅语、俗语的使用各有千秋。"雅"指优雅而正式的书面语，"俗"指口语、俚语和非正式语言。为了体现广告的大众化特点，常会使用易懂易记的和生动活泼的俗语，使广告更贴近生活，让消费者乐于接受。

例如：

You've gotta try it!

I'm lovin' it!

有时为了吸引高层次的消费者，广告中会使用正式的书面语来描述豪华汽车、高级化妆品以及名烟名酒等奢侈品。因为这类高档商品的消费者多为富裕且受过良好教育的人士，用雅致的广告语既能体现商品的高贵品质，又能满足此类消费者讲究身份和地位的心理。

例如：

别墅销售的广告：The home of your dream awaits you behind this door, whether your taste be a country manor estate or a penthouse in the sky, you will find the following pages filled with the world's most elegant residences.

广告中的 await, be, manor, elegant residences 均是正式词汇，代替了口语体的 wait, is, house, nice place，充分体现了商品的消费群体和商品自身的品质。

（二）广告英语的句法特点

1. 多用简单句

广告的最终目的在于鼓动消费者去购买商品。复杂的长句往往会令消费者厌烦，广告目的难以达到。简短清晰的句式经济实惠、节奏急促、跳跃性强、易于记忆且给人的印象深刻，容易激发消费者的情绪，是广告用语的首选。

例如：

可口可乐广告：Coca-cola is it.（还是可口可乐好！）

戴比尔斯钻戒广告：A diamond lasts forever.（钻石恒久远，一颗永留传。）

雀巢咖啡广告：The taste is great.（味道好极了！）

英语广告写作可概括 KISS 原则，即 Keep it short and sweet.

2. 多用省略句

省略句使广告语言简洁生动，不仅能减少广告篇幅、节约成本，而且能突出广告信息中的主题，捕捉顾客的注意力。

例如：

欧米茄手表广告：It's a moment you planned for.Reached for.Struggled for.A long-awaited moment of success.Omega, for this and all your significant moments.(这是你计划的时刻、期望的时刻、争取的时刻、长久等待的成功时刻。欧米茄，记下此刻，和所有重要的时刻。)

从"期望"到"成功时刻"，一系列的动词短语取代了"it's a moment…"句式，使广告语既简洁紧凑，又鲜明有力。

3. 多用祈使句

广告语言作为一种特殊的实用性文体，其形式和内容受到广告的特殊文体形式的限制。为了达到刺激消费的目的，商业广告多采用鼓动性的语言。祈使句本身含有很强的劝说和鼓动的功效，所以将祈使句应用于商业广告，极大地增强了广告的说服力。

例如：

麦当劳广告：So come into McDonald's and enjoy BigMac Sandwich(走进麦当劳，享用巨无霸。)

信息咨询广告：For more of America, look to us.(更多了解美国，来找我们。)

爱立信广告：Make yourself heard.(理解就是沟通。)

飞利浦广告：Let us make things better.(让我们做得更好！)

4. 多用平行结构

并列平行的结构易于形成排比的气势，通过类似的句型给消费者留下深刻的印象。同时较长的篇幅也有利于将商品的特点描述得淋漓尽致。

例如：

沃尔沃汽车广告：Designed with a computer.Silenced by a laser.Built by a robot.(电脑设计，激光消音，机器人制造。)

IBM 公司广告：No business too small, no problem too big.(没有不做的小生意，没有解决不了的大问题。)

（三）广告英语的修辞特点

在英语广告中，为了提高广告文本的审美效果和劝说力，广告作者往往大量使用各种修辞技巧与手段。丰富多彩的修辞格为英语广告创作提供了众多的表现手法和劝说技巧，也是广告语的美感来源之一。审美价值的获得易使受众接受广告，进而接受广告所宣传的产品或思想观念，从而也就实现了广告的劝说价值。

1. 比喻（figure of speech）

比喻是将一事物比作其他事物的修辞方法。比喻有明喻、暗喻之分，分别从不同的角度通过形象具体的语言来渲染商品，唤起顾客对商品的心理联想。

（1）明喻（Simile）。在明喻中，本体和喻体之间常用 as，like 等标志性词语连接起来，从而使人产生一种清晰且具体的联想。

例如：

Some people are as reliable as sunrise…These are Amway people.

这是美国 Amway 保险公司广告。对于保险公司来说，赢得客户的信赖是头等重要的大事。此则广告把 Amway 人比作每天冉冉升起的太阳般值得信赖，不仅使人产生认同感，还能够激起读者对公司前景的美好联想。

（2）暗喻（metaphor）。暗喻是指根据两个事物间的某种共同特征或某种内在联系，把一个事物的名称用在另一个事物的名称上，说话人不直接点明，而要靠读者自己去领会的比喻。在暗喻中没有 as，like 之类的介词将本体与喻体连接起来。广告中的暗喻比较含蓄，也可以激发读者丰富的想象。

例如：

High efficiency.Our big bird can be fed even at night.

这是一则法国航空货运公司的广告。广告中把法国航空的货机比作"夜间也可进食的大鸟"，实际上是在向客户说明货机在夜间也可以装货。创意新颖，让人忍俊不禁。

You're better off under the Umbrella.

这是一家保险公司的广告。外出旅行，安全是每个外出旅行者最关心的问题。这家保险公司利用了游客的这种普遍心理，运用 umbrella（保护伞）这一喻体，形象地使旅游者感到：购买保险，外出旅行，犹如置身于一顶保护伞下，可以无忧无虑地去尽情享受旅行的乐趣；而且"better off"有"较自在、较幸福"之意，也就是说，购买了这种保险能使你的旅行生活更自在，更愉快。这则广告喻体恰当、形象，使游客对该公司的保险服务倍感亲切且又真实可信。

We're rolling out the red carpet for Asia's elite travelers.

这是港龙航空公司（Dragonair）的广告，用"展开红地毯"喻指为亚洲尊贵的旅行者提供最热烈的欢迎、最高贵的条件，使人联想到接待外国元首般的最高级别的待遇，诱惑力、吸引力由此而生。

2. 双关（pun）

双关语指同形异义词（homonym）或同音异义词（homophone）的巧妙运用。在广告英语中双关语的运用能够增添广告的趣味性和幽默感，让消费者比较轻松愉悦地接受广告中传递的商业信息。一般常见的有谐音双关和语意双关两种。

（1）谐音双关（homophonic pun）。谐音双关是将两个语义本无联系的同音或近音异形异义词，天衣无缝地安排在句子中，使之产生语义上的双关，它是人们常用来表达幽默的语言形式。谐音双关具有风趣、幽默、俏皮、滑稽的语言风格，应用到广告中能增强广告的说服力和感染力，从而给消费者留下深刻的印象。

例如：

OIC

这是美国一家以"OIC"为商标的眼镜公司推出的广告，读音为"Oh，I see"。该广告既利用听觉语言表现出眼镜给视力不佳的顾客带来的欣喜之情，又利用视觉语言来吸引人们的注意力。简单而又风趣的语言使人们很容易对这个品牌留下深刻的印象。

More sun and air for your son and your heir.

这是一家海滨浴场的宣传广告,译文是"我们这里有充足的阳光,清新的空气,对您的儿子——事业和财产的继承人——大有裨益"。其目的是要把广大度假者全家老少都吸引到海滨浴场来。制作者巧妙地运用了同音异义词,即 sun 和 son,air 和 heir 这两对谐音词,说起来朗朗上口,和谐悦耳,极易打动父母的爱子之心。

(2)语义双关(homographic pun)。语义双关是利用语言中一词多义的特点,使词语或句子在特定环境下形成双关。语义双关是言在此而义在彼,营造一种含蓄、委婉、耐人寻味的意境,增强语言的表达效果,激发消费者的好奇心,从而产生购买欲望。这种双关在广告中运用得也非常广泛,它与谐音双关有异曲同工之妙。

例如:

Try our sweet corn.You'll smile from ear to ear.

这是一则十分成功的玉米广告语,例句中的"Ear"既可表示"耳朵"又可表示"穗","from ear to ear"生动地描绘出了人们对这种玉米的喜爱,"吃了一个又一个,笑得乐开怀",一语双关地巧妙地推销了玉米,富有辞趣。

Money doesn't grow on trees.

But it blossoms at our branches.

这是英国劳埃得银行(Lloyd Bank)所做的广告。Branch 一词用得很巧,在此有两层意思:一为字面含义,承接上句中的 trees,指树枝;而另一层含义则为分行、支行,即该银行的各个分支机构。事实上这个广告的真正意图是号召人们将钱存到劳埃得银行。

看了广告我们不得不感叹广告设计者的匠心独运。

3.仿拟(parody)

仿拟一词源于希腊词 Paroidia,意思是 satirical poem(讽刺诗)。是指对某一作者所使用的词语、风格、态度、语气和思想的模仿,使其显得滑稽可笑。这种滑稽效果通常由夸张某些特性而获得,或多或少利用了类似卡通漫画家式的技巧。事实上,它是一种讽刺性的模仿。仿拟又称仿化,既仿造,又变化。它通常是对人们熟知的某个谚语、格言、名句乃至文章篇章适当地"改头换面"而构成一种颇为新奇的表达内容。这一修辞用在广告中可使之生动活泼、幽默诙谐,并能使人产生联想,加深印象。仿拟的对象有词、短语(主要是成语)、句子等,因此,它可分为仿词、仿语、仿句、仿篇四种。

(1)仿词。仿词是指为了吸引顾客,广告商在文字上大做文章,利用各种构词法模仿、拼凑或按谐音的拼法变体等偷梁换柱的手段,杜撰新词、怪词乃至错别字,以求标新立异、离奇醒目,增强广告的"记忆价值",从而给予产品及其广告以极大的魅力。

例如:

My goodness!My Guinness!

My goodness 原为口语中表示惊叹的说法,Guinness(健力士啤酒,是爱尔兰最畅销的啤酒)与 goodness 尾韵和头韵相同,构成 My Guinness 容易上口,便于记忆,很容易流传开来，同时又惟妙惟肖地勾勒出饮用Guinness时赞不绝口的景象。

（2）仿语。仿语是指广告中仿拟某一现成且大家熟知的习语或谚语。

例如：

Like son, like father.Like daughter, like mother.

这是一则爽身粉广告。此广告仿拟的是英语习语"Like father, like son."（有其父必有其子），只是颠倒了顺序，然后仿其句式，延伸出另一句子"Like daughter, like mother."

说明男女老少皆宜。

（3）仿句

仿句是指广告中仿拟某一现成且大家熟知的格言或警句。

例如：

Not all cars are created equal.

这是一则日本三菱汽车的广告。该广告套用了美国《独立宣言》中的"All men are create equal.",以示该汽车质量非凡。

（4）仿篇

仿篇是仿照前人著名诗歌、曲调，并做一定改动，创造出新的意境，多见于电视等有声广告。

例如：

Pepsi Cola hits the spot；

Twelve full ounces, that's a lot.

Twice as much for a nickel, too；

Pepsi Cola is the drink for you.

这则百事可乐广告是仿拟英国民间曲调编写的小韵文，英语叫作Pepsi Cola Jingle，它节奏鲜明、抑扬顿挫、和谐匀称、格调优美、容易记忆，被视为十分成功的广告。

4.押韵（rhyming）

英语广告中的押韵包括头韵（alliteration）和尾韵（rhyme）。头韵是把首音相同或相近的单词放在一起，尾韵则是把尾音相同或相近的单词放在一起，以形成视觉和听觉的最佳结合，达到声情并茂的效果。

例如：

索尼产品的广告：Hi-Fi, Hi-Fun, Hi-Fashion, only from Sony.

在这则广告中，Hi-Fi、Hi-Fun、Hi-Fashion分别押头韵Hi和f，富有节奏，赏心悦目。

太平洋联合航空公司广告：Be Specific—Go Union Pacific.

窗净牌（Windolen）洗窗剂广告：Wipe it on, Windolen.Wipe it on, Windolen.That's how to get your windows clean.Wipe it off, straight away.Wipe it off, no delay.

这两则尾韵广告，朗朗上口，让人对该广告记忆深刻。

5. 拟人（personification）

拟人就是使商品人格化，赋予它人的情感，从而使广告倍加生动，有感染力。

例如：

Oscar de La Renta knows what makes a woman beautiful.

Oscar de La Renta（奥斯卡）为女士化妆品名。广告作者不明确地讲出产品的优点，而是通过拟人的手法进行宣传，说它深谙女人的美丽之道，这对具有爱美之心的女士来说，显然具有吸引力。

6. 夸张（exaggeration）

夸张是一种故意言过其实，或夸大或缩小事物的形象，借以突出事物的某种特征或品格，鲜明地表达思想情感的修辞方式。夸张的描写可以使广告的形象更生动突出，渲染气氛，烘托意境，给消费者留下深刻的印象。

例如：

We've hidden a garden full of vegetable where you'd never expect in a pie。

在馅饼里藏一个蔬菜园是不可能的，广告突出的是这种馅饼多用蔬菜作为原料，品种多得就像一个蔬菜园一样，从侧面反映出馅饼营养丰富。

7. 排比（parallelism）

排比有"壮文势，广文义"的修辞效果，广告中的排比具有重复强调的功能，往往通过一连串动词短语的平行出现，表示说话者或写作者的雄辩口才或特别情感，颇具鼓动性。

例如：

东芝电子广告：Take Toshiba, take the world.（拥有东芝，拥有世界。）

8. 设问（rhetorical Question）

英语 rhetorical question 和汉语的设问一样，是指作者自己早有意见却故意提出问题，有三种情况，即自问自答、自问不答和反面提问。在英语广告中，设问一般出现在标题或正文第一句中。

例如：

《经济学家》广告：The Economist?

Isn't that a peculiar name for a journal that also discusses America, Britain, Europe, science & technology, world politics, books plus arts, current affairs…along with business, finance and economics?

广告中使用设问句，一问一答，口语色彩很浓，十分活泼，巧妙地传达了该杂志内容的广泛性。

别克汽车广告：Wouldn't you really rather have a Buick?

这则美国通用公司生产的别克系列轿车的广告，利用反问，提醒消费者注意，刺激其购买欲望。

三、商务广告翻译的原则与方法

翻译是跨语言、跨文化的社会活动。著名翻译理论家尤金·奈达的等值翻译理论是指导商务翻译的最好原则。奈达认为，"翻译的重点不应当是语言的表现形式，而应当是读者对译文的反应"，也就是说，译文要在语言的功能上和原文对等，而不是在语言的形式上和原文对应。因此在翻译时，除了从语言规律上寻找与原文对等的契合点外，还必须处理文化差异带来的理解上的差异，同时还要考虑原文的词汇及修辞特点。国际广告中的文化及语言差异确实给翻译工作增加了不少难度，所以不少翻译学家认为国际广告的翻译工作最好是由广告受众国的译者来做，因为只有受众国的译者才能熟知本国文化、传统、习俗、消费心理等，才能译出符合本国受众喜爱的广告语来。因此商务广告的翻译应以功能对等为原则，使译文与原文有大致相同的广告效果、信息传递功能和移情感召功能。翻译出来的广告内容必须符合目标语的接受要求，符合广告受众国文化语境中大众的表达习惯和审美心理。

（一）商务广告翻译原则

1. 了解所译商品及广告的特点

译者不仅需要了解商品的特征，包括品质、产地、作用、性能以及工艺水平、文化情调、价格和信誉度，而且需要了解原广告策划的6M。具体来说，6M包括：Market(市场)，指对广告目标市场的选择及其特征的把握，包括广告受众的年龄、性别、职业、生活、教育程度等；Message(信息)，指广告的卖点、诉求，确定广告中的正确信息；Media(媒体)，指广告选择什么媒体将信息传播给目标受众；Motion(活动)，指使广告发生效果的相关行销、促销活动；Measurement(评估)，指对广告的衡量，包括事后、事中和事前的各种评估；Money(金钱)，指广告投入的经费。只有熟知这些情况，译者在翻译的时候才能掌握好广告的重点。

2. 尊重广告受众国的文化传统以及消费心理

对于千百年来形成的民族风俗，我们应给予必要的尊重。各个民族、各个国家都有自己的文化禁区。在一种文化中非常有创意、优美感价值的内容到另一文化中可能会因为文化价值取向不同而失去原有的美感价值。因此在从事国际广告翻译工作的时候应充分考虑到广告受众国的文化适宜性和消费心理。

例如：

前面提到的三菱汽车公司的广告：Not all cars are created equal.

三菱汽车公司向美国市场倾销产品时，创制了下列广告："Not all cars are created equal."熟悉美国历史的人一见这则广告，立即会想起《美国独立宣言》中"All men are created equal"。日本广告商将原句中的"men"改为"cars"来突出广告诉求的目标，将原来的肯定句式改为否定句式，道出该车的优越性能。这则广告词套用了美国家喻户晓的名句，使三菱汽车在美国成功地打开销路；而三菱公司向我国进行广告宣传时将其广告词改为"古有千里马，今有三菱车"，巧妙地利用了中国古谚，运用对偶这种中国人喜爱的修辞手法，使中国消费者读起来既亲切熟悉又生动形象。

3. 在广告翻译中要注重创新

广告语言本身就充满丰富的想象力和极大的创造性，把一国的广告语言翻译成另一国的广告语言时，由于社会文化、语言、民族心理等方面的原因，这种翻译绝非只是一种一一对应的符码转换，而是要在保持深层结构的语义基本对等、功能相似的前提下，重组原语信息的表层形式。只有有创意的文本才能出奇制胜，吸引受众的注意力，捕捉受众的消费心理，促动受众的消费行为，产生持久的效力。

（二）商务广告翻译中的异化和归化

在商务广告翻译中究竟是采用异化策略（Foreignization Translation）还是采用归化策略（Domestication Translation），一直是翻译界争论的焦点之一。所谓"异化"，即在翻译中译文应以原文语言或原文作者为主，而不是对读者妥协，要求读者接受异国的情调；所谓"归化"，即在翻译中译文应以目标语言或译文读者为主，归化的译文应让译文读者听了耳熟，看了眼熟，毫无不顺感。实际上，在翻译中采用异化还是归化策略并非取决于译者的主观意志，而是由文体类别以及翻译的目的和功能所决定的。根据德国功能派翻译理论家威密尔（Hans J.Vermeer）提出的目的论观点，所有翻译遵循的首要法则就是"目的法则"：翻译行为所要达到的目的决定整个翻译行为的过程，即结果决定翻译策略。不同的文体类别有不同的目的和功能，对语言的要求也是不同的。即使是同一文体，甚至同一文本也有不同的目的和要求。这往往要求译者采用不同的翻译策略。

由于在语言文化上存在着差异，不同的语言之间的表达形式是各不相同的。一则优秀的广告只有在翻译时理解原文的预期目的和功能，译文才有可能达到广告 AIDA 原则的要求。

（三）商务广告的翻译方法

近年来，在不同翻译理论的指导下，人们提出了各种各样的广告翻译的技巧与方法，常见的有"直译""意译""音译""增译""减译""套译""编译""转译""创译""修辞译法""不译"等各种术语，不胜枚举。但是仔细研究后我们发现，各种翻译方法虽然名称不同，但很多方法的实质大同小异。为了便于讨论，笔者将特点比较鲜明的翻译方法总结如下：

1. 直译法（Literal Translation）

直译指的是把原来语言的语法结构转换为译文语言中最近似的对应结构，但词汇则依然一一对译，就是指将原文句子表达的表层意思和深层意思按字面直接翻译成目标语，在译文中既保留原文内容又保留原文形式，包括原文的句式修辞等表现手法。

例如：

三星电子：Challenge the Limits. 挑战极限。

凯迪拉克汽车（Cadillac）：Standard of the world. 世界的标准。

玛氏巧克力（M & M's）：Melts in your mouth not in your hand. 只溶在口，不溶在手。

雪碧：Obey your thirst. 服从你的渴望。

轩尼诗酒：To me，the past is black and white，but the future is always color. 对我而言，过去平淡无奇；而未来，却是绚烂缤纷。

百事可乐：The choice of a new generation. 新一代的选择。

IBM 公司：No business too small，no problem too big. 没有不做的小生意，没有解决不了的大问题。

飞利浦电子：Let's make things better. 让我们做得更好。

中国银行：Bank of China，Fund over China. 中国银行，银行中国！

安踏：Keep moving! 永不止步！

2. 意译法（Meaning Implication）

由于英汉两种语言和文化的巨大差异，有时不能局限于字面意思进行翻译，而是取原文内容而舍弃其形式进行翻译。意译是一个相对于直译而言的概念，通常只取原文的内容而舍弃其形式。这种译法较为自由、灵活，容许译者有一定的创造性，但仍保持原文的基本信息，使翻译的译文从消费者角度看比较地道，可接受性较强。

例如：

戴比尔斯钻石：A diamond is forever. 钻石恒久远，一颗永流传。

原广告 A diamond is forever. 简洁明了，符合西方人直接表达的习惯。但如果直译为"一颗钻石就是永远"，就缺少了原有的韵味，读起来也没有朗朗上口的感觉。意译为"钻石恒久远，一颗永流传"，不仅具有原广告的可读性，而且符合东方人含蓄的表达方式。

虽然以上的翻译与原文不能一一对应，而且句子的结构形式更是荡然无存，但原广告词的精髓或深层意思仍然在译文中得以展现。再如：

麦斯威尔咖啡：Good to the last drop. 滴滴香浓，意犹未尽。

摩托罗拉手机：Intelligence everywhere. 智慧演绎，无处不在。

飘柔：Start Ahead. 成功之路，从头开始。

英特尔奔腾：Intel Inside. 给电脑一颗奔腾的"芯"。

诺基亚：Connecting People. 科技以人为本。

浪琴表：Gone with longines；done with feelings. 浪迹天涯总有琴。

3. 创译法（Creative Translation）

创译（又称改译）是指再创型翻译。顾名思义，创译法已基本脱离原品牌名的发音及含义，根据产品的具体情况及当地的语言或风俗习惯进行的翻译，故这种译法被称为创译或改译。

例如：

某品牌车：If it moves, pumps, turns, drives, shifts, slides or rolls, we check it. 句子

中连用了几个动词，细说此车化险为夷的性能。如果直译则显得单调，也不符合我们的表达习惯。意译为"成竹在胸，纵横驰骋"则十分形象生动，给人留下深刻的印象。

在以上译文中，很难找到原文的蛛丝马迹。它们已基本脱离原文的框架，属于重新创造的一类。这种摆脱原文语言的形式束缚、创造性的翻译是一种"从心所欲，不逾矩"的境界，其译文的质量佳，而译文的意境比原文更深远。

4. 不译（non-translation）

广告翻译中的不译主要指当广告口号的原文特别短小精悍，而对应的目标语中很难找到同样朗朗上口的语句时，让该广告口号以原外文的形式保留下来。

例如：

耐克：Just do it!

有人曾尝试将该则广告译为"只管去做"或"做就是了"，但都不能表达出原文的神韵，因此耐克公司在中国市场上仍保留该广告的英文原文。

第三节　商标、品牌的翻译

商标、品牌自诞生之日起就在商品贸易中扮演着举足轻重的角色，21世纪商业竞争的激烈化和经济的全球化使其国际化的特征更加明显。跨国经营的商家和商品，只有拥有成功的商标和品牌译名，才能够吸引异国的消费者，激发他们的购买欲望，从而达到推销商品的目的，因此商标、品牌的翻译受到社会各方面的关注和探讨。正所谓"名不正，则言不顺"，商标虽小，却关系重大，如何选用适当的商标和品牌用语已成为我们在对外商务活动中一个无法回避的问题。

一、英文商标、品牌概述

（一）商标和品牌的概念与区别

首先，让我们了解一下商标和品牌的定义。根据世界知识产权组织的解释，商标（trademark）是"用来区别某一工业或商业企业或这种企业集团的商品的标志"。而著名的营销学专家菲利普·科特勒教授在其《营销管理》一书中将品牌定义为"一种名称、名词、标记、符号或设计，或是它们的组合运用，其目的是借以辨认某个销售者或某群销售者的产品或劳务，并使之同竞争对手的产品和劳务区别开来"。

乍看上去，商标与品牌似乎没有什么区别，但事实上，两者所包含的范围和使用的领域是不同的。按照美国市场营销学会的说法，"Brand is a name, term, sign, symbol, design or some combination used to identify the products of one firm and to differentiate them from competitive offerings." "A trademark is a brand that has been given legal protection and has been granted solely to its owner."可见，品牌与商标所包含的范围是不同的。商标是品牌中的标志和名称部分，便于消费者识别。而品牌的内涵远不止于此，它不仅是一个易于区分的名称和符号，更是一个综合的象征。另外，两者所使用的领域也不相同。商标是一种法律概念；品牌是市场概念。品牌的一部分依法经过注册，受到法律保护后成为商标。通过商标专用权的确立、转让、争议、仲裁等法律程序，使商标所有者的合法权益得到保护。品牌是企业与消费者之间的一份无形契约，是消费者选择商品的依据。因此可以说，商标掌握在企业手中，而品牌属于消费者。

（二）英文商标、品牌的构成

虽然商标与品牌的概念与使用范围不同，但是两者在构成方式和翻译原则上是一致的。英文商标和品牌的主要来源无外乎以下三种：源于专有名词；源于普通词汇；源于臆造词汇。

1. 源于专有名词的商标和品牌

英文商标和品牌中有相当大一部分来源于专有名词，如人名、地名，以及一些有着特殊象征意义的专有名词。

（1）源于人名的商标和品牌名

①英文商标和品牌，特别是早期的商标和品牌，有很多源于公司创始人或产品发明人的姓氏。例如：

Goodyear—固特异（Charles Goodyear）

Benz—奔驰（Karl Benz）

Colgate—高露洁（William Colgate）

Ford—福特（Henry Ford）

Du Pont—杜邦（E.I.Du Pont）

②上述这些商标和品牌选用的是公司创始人或产品发明人的姓氏，还有些商标或品牌取自整个人名，例如：

Vidal Sassoon—沙宣

Mary Kay—玫琳凯

Gianni Versace—范思哲

Calvin Klein—卡尔文·克莱

Pierre Cardin—皮尔·卡丹

③有些企业或商品是由两个人共同创造或发明的，因此商标或品牌采用两人的姓氏组合而成，例如：

Rolls-Royce—劳斯莱斯（Charles Rolls 和 Henry Royce）

HP—惠普（Bill Hewlett 和 David Parkard）

Black & Decker—百得（James L.Black 和 George Decker）

Marks & Spencer—玛莎（Michael Marks 和 Tom Spencer）

Bausch & Lomb—博士伦（John Jacob Bausch 和 Henry Lomb）

④有些商标和品牌是由人名稍加变化所构成的，例如：

Pond's—旁氏（Theron T.Pond）

Wal-Mart—沃尔玛（Sam Walton）

McDonald's—麦当劳（Richard McDonald 和 Maurice McDonald）

Revlon—露华浓（Charles Revson）

Kenwood—建伍（Kenneth Wood）

⑤有些商标和品牌没有采用发明者或创始人的姓名，而是采用了具有特殊含义的人名，如神话传说中的人名、影视文学作品中的人名和历史名人的姓名等。例如：

Nike—耐克（希腊神话中的胜利女神）

Daphne—达芙妮（希腊神话中的月桂女神）

Ariel—碧浪（莎士比亚剧本《暴风雨》中的精灵）

Chevrolet—雪佛莱（瑞士赛车手、工程师）

Lincoln—林肯（美国第 16 任总统）

（2）源于地名的商标和品牌名

以上所列举的商标、品牌名称均以人名命名，也有用地名作为商标或品牌的产品或企业。

①一些商标和品牌以公司的所在地、著名的风景名胜地或商品的原料产地为名，例如：

Avon—雅芳（莎士比亚的故居 Stratfort-on-Avon 的河流名）

Vauxhall—沃克斯豪尔（伦敦南部的 Vauxhall 区）

Marlboro—万宝路（美国新泽西州的 Marlboro 城）

Longines—浪琴（瑞士的 Longines 市）

Kentucky—肯德基（美国的 Kentucky 州）

②除了这些真实的地名之外，有些商标和品牌也采用文学作品或神话传说中虚构的地名，例如：

Shangri-La—香格里拉（美国作家 James Hillton 的小说 The Lost Horizon 中的地名，风景宜人，犹如世外桃源）

Avalon—亚洲龙（西方传说中的极乐花园，亚瑟王和他的圆桌骑士们长眠的美丽小岛）

Olympus—奥林巴斯（希腊神话中的诸神寓居之所）

Eden Park—易登帕克（Eden 是《圣经》中人类始祖曾经居住过的乐园）

Utopia—乌托邦（英国作家 Thomas More 笔下的实行公有制的理想社会，它出自两个希腊语的词根：ou"没有"的意思，topos 是"地方"的意思，合在一起是"没有的地方"）

（三）其他专有名词

一些商品采用具有一定象征意义的专有名词作为商标和品牌，以引起消费者的联想，达到促进销售的作用。例如，Quaker Oats（桂格燕麦）的商标源自基督教新教的贵格会（又称公谊会或者教友派）。Carlton 原是英国保守党俱乐部，以富丽豪华而闻名，因此作为 Ritz-Carlton（丽嘉酒店）的商标非常适合。

2. 来源于普通词汇的商标和品牌

普通词汇为商标和品牌的设计提供了更大的创造性和选择余地，但由于受商标法规定的限制，普通词汇构成的商标名只能采用间接提示的方法来暗示商品的质量、效能和实用性。英文中的名词、动词、形容词、数词等都可以单独或组合构成商标或品牌。

（1）利用名词构成的商标和品牌如下：

Diamond—钻石（手表）

Apple—苹果（电脑）

Ivory—象牙（香皂）

Tide—汰渍（洗衣粉）

Crown—皇冠（轿车）

（2）用动词构成的商标和品牌如下：

Safeguard—舒肤佳（香皂）

Rejoice—飘柔（洗发水）

Whisper—护舒宝（妇女卫生用品）

Pampers—帮宝适（纸尿片）

Joy—喜悦（香水）

（3）用形容词构成的商标和品牌如下：

Paramount—派拉蒙（影业）

Extra—益达（口香糖）

Smart—醒目（饮料）

Universal—环球（影业）

Continental—欧陆（汽车）

（4）由数词构成的商标和品牌如下：

Channel No.5—香奈尔 5 号（香水）

7-Up—七喜（饮料）

Doublemint—绿箭（口香糖）

3. 来源于臆造词汇的商标和品牌

外国商家也常常杜撰一些词汇作为商标、品牌的名称，以求商标和品牌名称的新颖独特，给消费者留下深刻印象，激发他们的购买欲望。例如，adidas（阿迪达斯）、IKEA（宜家）等等。这些词通常书写简短，发音响亮，给人印象深刻。国际著名商标 Kodak 就是一个成功的案例。该品牌创始人 George Eastman 曾经说过，"K"一直是他偏好的字母，因为它看上去有力而且充满锐意，因此，他发明的产品的商标命名必须以"K"开头，最后又以"K"

结尾。作为照相机的商标，Kodak 读音明快，恰似按动快门的声音，生动地诠释了商品的特种属性，令消费者产生丰富的想象力。

还有一些臆造的词汇是设计者根据商品的特点、性能、市场和美学等因素，利用组合（compounding）、缩略（shortening）、拼缀（blending）、变移（deviation）、词缀（affixation）等手段创造的。这些词在国际市场上容易注册且比较灵活，大都具有提示商品信息和品牌形象的功能。在我们熟悉的一些国际著名品牌中，以这类新创词命名的例子数不胜数。

（1）组合法是把两个或两个以上的词不加变化地组合成新词。利用组合法形成的商标和品牌如下：

Microsoft—微软（软件）

Maidenform—媚登峰（女士内衣）

Clean & Clear—可伶可俐（化妆品）

Beautyrest—睡美人（床垫）

Sunmaid—阳光少女（食品）

（2）缩略法对原来的单词或词组进行整合，缩略其中的一部分构成新词。利用缩略法构成的商标和品牌如下：

IBM—International Business Machines（计算机）

BMW—Bavarian Motor Works（汽车）

NEC—Nippon Electric Company（电器）

FIAT—Fabrica Italiana Automobili Torino（汽车）

Mobil—Mobile（润滑油）

（3）拼缀法是用两个或两个以上能描绘商品用途、性能、特点的词，取其主题，根据一定的原则混合成新词。这是臆造的商标和品牌设计中经常使用的方法，成功的设计有很多，例如：

Duracel—金霸王，电池（durable+cell）

Sunkist—新奇士，橘子（sun+kissed）

Tampax—丹碧丝，卫生用品（tampon+packs）

Quink—昆克，墨水（quick+ink）

Contac—康泰克，药品（continuous+action）

（4）为了突出商品的特点，商标通常选用能直接描绘出商品特征的词汇。但为了符合商标法的规范，设计者常常采用变移的方法，对这些词汇的拼写或书写作出变化。通常变化出的新词与原词有一定的联系。例如：

Cuccess—臣功再欣，药品（success）

Reeb—力波，啤酒（beer）

Kompass—康百世，机械仪器（compass）

Up2U—由你，化妆品（up to you）

Nufarm—新农，农药（new farm）

（5）有时，厂商也利用词汇的前缀或后缀来合成新词，这类词也具有表达某种特殊内涵的功能。例如：

Ultra-Brite—尤特白（牙膏）

Unilever—联合利华（日用品）

Kleenex—金佰利（纸巾）

Nutrilite—纽崔莱（保健食品）

Band-Aid—邦迪（创可贴）

二、英文商标、品牌翻译的原则

从表面来看，商标和品牌的构成简洁易懂，而且不受句子、段落、篇章等因素的影响，翻译起来似乎很简单，实际上则不然。商标和品牌的译名不但要展示商品属性，而且要考虑民族文化特点，迎合消费心理，还要做到文字简洁、易于上口、便于记忆，所以商标和品牌的翻译具有一定的复杂性，也需要翻译理论和原则的指导。

（一）等效原则

对于英语汉译中应遵循的原则，中外翻译家提出过不同的主张。例如，严复的"信、达、雅"，鲁迅的"保存原作的风姿、力求其易解"，瞿秋白的"直译、意译"，傅雷的"重神似不重形似"，钱钟书的"化境"，张培基的"忠实、通顺"，英国卡特福德的"等值"，美国尤金·奈达的"功能对等"和苏联巴尔胡达罗夫的"等额"等。这些主张各有千秋，是各位翻译家在多年翻译实践基础上的精辟总结，对后人的翻译工作具有指导性意义。但就商标和品牌这种特殊文体形式的翻译而言，似乎以尤金·奈达的功能对等原则较为适用。功能对等原则要求译文从语义到文体要用最贴近、最自然的对等语重现原语的信息。而读者的反应又成为衡量功能对等程度的标尺。奈达认为，翻译的服务对象是读者，要评判译文质量的优劣，必须看读者反映如何；即检验的标准是译文读者和原文读者的感受是否一致。由于商标和品牌信息传递的特点（多采用大众传媒手段）以及其商业性质（以推销商品为最终目的），商标名的翻译必须像原商标名一样引人注目，像原商标名一样激起消费者的购买欲望。换言之，商标名的翻译应尽可能与原商标名具有"等效性"。这里"等效性"主要表现为以下两个方面：

1.听觉感受等效

众所周知，商标词最主要的功能是吸引顾客并刺激消费。因此，语音是吸引消费者的手段之一。商标词往往具有音韵上的美感，读起来朗朗上口。例如，奥妙（OMO）商标名的翻译既简明响亮、容易记忆，又构思巧妙、意义隽永。而如果按照其英文发音译成"鸥眸"，则在发音和词义上都较"奥妙"逊色。

2. 理解反应等效

商标词的翻译要做到意义等效。商标、品牌名称的翻译不能仅仅是字面意义上的对等，还必须是功能上的对等；不仅要译出其言内之意，还要译出其言外之意，即联想意义和象征意义。译名应使消费者在读过之后获得与源语言相同或相似的感受。因此，商标、品牌的名称在源语言中的含义通常并不是十分具体的，重要的反而是其独特性，要能反映商品的属性和特点。比较成功的范例就是可口可乐（Coca Cola）商标的翻译，既突出了饮料的特性，又把喝过这种饮料后的快乐之情充分反映出来。现在，"可乐"已经成为现代社会生活中碳酸饮料的代名词，可见成功的译名在文化中的渗透力是非常强大的。好的商标名称能令人联想到商品的优异品质和卓越表现，满足人们追求美好事物的心理，让人对商品产生认同感和购买的欲望。例如，百事可乐的英文商标 Pepsi-Cola 的 Pep 让人联想到饮料的泡沫气体，si 则让人联想到打开瓶盖时碳酸饮料发出的"嘶"的声音，让人如闻其声如见其物，很想买来一饮为快。

（二）简洁原则

所谓"简洁"就是要言简意赅，易于辨认和记忆。汉语在商标音节的组成上有"双音化"的倾向。这是因为作为汉语组成部分的合成词多由两个音节组成，以单音节词为主的古汉语词汇在现代汉语中绝大多数已经双音节化了。现代汉语中许多三音节的日常词也逐渐被双音节词所取代。这种趋势反映在汉语商标上，表现为汉语商标多为两个音节组成，如美的、海信、波导等。而英语的商标词在组成音节上没有任何约束和限制，有较大的随意性。例如：

一个音节：Nike，Sharp，Peak

二个音节：Avon，Cerox，Sunkist

三个音节：Darmane，Pizza Hut，Safeguard

四个音节：Motorola，Electrolux，Pierre Cardin

由于英汉商标词组成音节数目的不同，所以在翻译英语商标和品牌时，使译名尽可能地符合汉语的特点，对音节较长的外语词进行改造。从实践来看，外来商标和品牌的译名大多为 2～3 个音节内，而以双音节为主，这与汉语的最佳音长区间是一致的。例如，采用三字的简译"麦当劳"代替原译名"麦克唐纳"，给人以简洁感而又符合中国人的表达习惯，易为中国人所接受。德国名车 Mercedes-Benz 开始被翻译成"莫塞得斯·本茨"，后来译为"奔驰"。此名简洁明快，将其优越的行驶性能和风驰电掣的速度表现得淋漓尽致。同样，Rolls-Royce 译为"劳斯莱斯"，远比译成"罗而斯·罗依斯"更鲜明好记。还有洗发液 Head & Shoulders（海飞丝）、洗涤用品 Procter & Gamble（宝洁）等，都是以简洁为原则，略去了名称中的一部分。

（三）审美原则

商品品牌的译名是否恰到好处将直接关系到该商品在国际市场中的地位，进而影响商业文化的交流。在全球经济和文化的激烈竞争中，一个成功的商品品牌译名应该个性鲜明、内涵丰富、具有美感。因此商标、品牌的翻译应遵循美学原则，做到音、形、意的完美统一。

1. 音美

音韵美是指商品名称发音响亮、节奏分明、富有乐感，给人以听觉上美的享受。在翻译商标词时，需注意商标的音韵美。从审美心理上来讲，人们一旦进入节奏感的欣赏或者感知当中，就会产生一种期待的心理。在商标、品牌的英译中，应充分运用汉语特有的美音手段。比如，与音强有关的平仄或四声，像 Dunhill（登喜路）、Crest（佳洁士）、Swatch（斯沃奇）等，使品牌读起来抑扬起伏、铿锵有力、朗朗上口；又如与声韵一致有关的双声和叠韵，像 TaTa（大大），使商品品牌译名发音响亮、韵律和谐、富有乐感。

2. 形美

就商标和品牌词的汉译而言，形象美是指商标、品牌的译名应具有原商标的形式特征，使用美好的字眼。例如，Flora（芙露）、Camay（佳美）等。同时译者需根据不同的产品，选用突出产品特点的字眼来译商标，如美国 Polaroid 公司生产的商标为 Polaroid 的照相机被译为"拍立得"，而商标名称相同的眼镜则被译为"宝丽来"，很好地体现了该商标用于不同产品时的特点。同样，Dove 在作为香皂的品牌时译为"多芬"，带给人滋润柔滑的想象；而作为巧克力的商标时则译为"德芙"。

3. 意美

商品译名除了读音优美外，还应该形象鲜明地展现出品牌的内涵，创造出品牌所特有的神韵和意境，引发消费者的想象和联想。例如，美国老牌指甲油 Cutex（源于拉丁文 cuticle "表层"和商标常用后缀 -ex）表示明艳照人，被音译为"蔻丹"，音意兼顾，获得了很好的市场效应。内衣品牌 Maidenform 本意为"少女体态"，被汉译为"媚登峰"则将女性的曲线美描写得淋漓尽致。又如，Head & Shoulders（海飞丝）、Reebok（锐步）这些品牌让人一闻其名，便如见其形。

（四）合法原则

为保护商标的专有权，规范企业的商业行为，世界各国大多制定了商标法。中国在 1982 年 8 月 23 日第五届全国人民代表大会常务委员会第 24 次会议上通过了《中华人民共和国商标法》，并于 1993 年 2 月 22 日的第七届全国人民代表大会常务委员会第 30 次会议上、2001 年 10 月 27 日的第九届全国人民代表大会常务委员会第 24 次会议上和 2013 年 8 月 30 日第十二届全国代表大会常务委员会第四次会议，对《商标法》进行了修订和完善。我国的《商标法》明确规定下列标志不得作为商标使用：

（1）同中华人民共和国的国家名称、国旗、国徽、军旗、勋章相同或者近似的，以及同中央国家机关所在地特定地点的名称或者标志性建筑物的名称、图形相同的；（2）同外国的国家名称、国旗、国徽、军旗相同或者近似的，但该国政府同意的除外；（3）同政府间国际组织的名称、旗帜、徽记相同或者近似的，但经该组织同意或者不易误导公众的除外;(4)与表明实施控制、予以保证的官方标志、检验印记相同或者近似的,但经授权的除外;(5)同"红十字""红新月"的名称、标志相同或者近似的;(6)带有民族歧视性的;(7)夸大宣传并带有欺骗性的;(8)有害于社会主义道德风尚或者有其他不良影响的。

毋庸置疑,商标翻译同样需要严格遵守商标法,否则就会遭到法律和市场的惩罚。例如,法国塞诺菲公司的"Opium"男用香水,在推向中国市场时直译为"鸦片"牌,寓意此香水像鸦片那样一经试用,便令人难以自拔、永难放弃。但是,这种品牌的香水不但没有诱惑消费者,反而像过街老鼠一样招来猛烈抨击,甚至遭到工商局的禁售处理。这是出于历史的原因,国人无不痛恨鸦片,它被认为是西方列强侵略旧中国、残害中国人民的工具。鸦片战争在中国人心中就像法国人心中的"滑铁卢",是中国人记忆中永远的痛。这家法国公司忽视了"鸦片"在中国的文化内涵,也违反了中国的商标法,因而遭到商业上的惨败。

三、商标、品牌翻译的方法

在商标与品牌的翻译实践中,译者除了通晓英汉两国语言之外,还必须具备市场学、广告学、消费心理学等学科领域的基本知识。也要考虑民族差异、文化差异等因素的影响,使汉译后的商标、品牌符合汉语文化的表达习惯,迎合大众的审美心理,才能受到大众的广泛欢迎。一般来说,商标和品牌的翻译主要有以下几种方法:

(一)音译法

音译法是指在不违背译语言语音规范和不引起错误联想的条件下,按其发音,将英文商标词用与之语音相近或者相同的汉语字词进行翻译的方法。一般情况下,此方法多用于源自专有名词、臆造词等的英文商标的翻译。采用音译法翻译的商标多保留了原商标的音韵之美,体现出商品蕴含着的异国情调。例如:

Icarlus——伊卡璐(洗发水)

Addidas——阿迪达斯(体育用品)

Louis Cardi——路易·卡迪(皮具)

L'oreal——欧莱雅(化妆品)

Motorola——摩托罗拉(手机)

Hazeline——夏士莲(洗涤品)

Siemens——西门子(电器)

Giordano——佐丹奴(日用品)

Ferrari——法拉利(汽车)

但是,音译法并不是一定要把英文发音原封不动地和汉语发音相对应,而是要根据上文所提出的四个原则,尤其是要考虑商品的属性,对翻译成汉语之后的汉语意义做适当地调整和变通。用音译法处理英文商标时,在汉字的选用上不仅要体现商品的特点,而且要照顾到中国顾客的消费心理，给人以美好的联想。比如，洗发水 Pantene 音译为"潘婷"，简洁明了，音义双美，令人联想到亭亭玉立的少女的秀发飘扬。Clean & Clear 音译为"可伶可俐"，既保留了原商标的创意和发音清脆的特点，又符合活泼开朗的年轻人的口味，给人以清丽、可爱的感觉，所以受到消费者的青睐，达到促销的功效。

（二）意译法

商家有时为了更好地体现商品的性能和品质，在确定商标和品牌名称时就赋予了它一定的现实意义。例如，日本电气公司有一个著名的电器品牌 Pioneer（先锋），很容易使人联想到该商品锐意创新、质量上乘的形象。对于这些商标和品牌，我们通常采用意译法，在尊重原商标含义的基础上，采用灵活创新的方式，使翻译尽量符合目的语的表达习惯。比如，Apple（苹果）、Camel（骆驼）、Crocodile（鳄鱼）、Playboy（花花公子）等都属于意译翻译法。意译法还可以细分为直译法和创意译法。

1. 直译法

直译法是指在不违背译文语言规范以及不引起错误联想的前提下，保留原文的表达形式。例如，表达原文所使用的比喻、原文的形象、原文蕴含的文化特点等。此种方法可适用于普通词汇和一部分臆造词汇构成的商标。例如，轿车商标 Blue Bird 翻译为"蓝鸟"。Blue bird 出自比利时剧作家 Maurice Maeterlinck 的童话"Bluebird"，是一只代表着幸福、光明与爱情的鸟。而在汉文化中也有相似的典故。中国神话传说中的"青鸟"是西王母娘娘跟前的信使，传说西王母曾给汉武帝写信，而传书的使者是一只青鸟，它把信一直送到汉宫承华殿前。从此，青鸟也成为通信使者的另一代称，后来人们常将它比作爱情的信使。我国古代曾有许多妙文佳句来吟诵它，如唐朝诗人李商隐《无题》的"蓬山此去无多路，青鸟殷勤为探看"；杜甫《丽人行》中的"杨花雪落覆白苹，青鸟飞去衔红巾"；李璟《浣溪沙》词中的"青鸟不传云外信，丁香空结雨中愁"等。在汉语中"青"与"蓝"意同，因此尽管该品牌直译为"蓝鸟"，中国的消费者也能够明确了解其中蕴含的美好寓意。类似的直译英文商标还有很多，例如：

Microsoft—微软（软件）

Shell—壳牌（润滑油）

Diamond—钻石（手表）

American Standard—美标（洁具）

Blue Ribbon—蓝带（啤酒）

2. 创意译法

有些英文商标或品牌如果直接翻译，它的汉语意思可能会与商品属性不符或毫无意义，此时可用创意译法。创意译法是指摆脱原商标字面意义的束缚，用汉语把原文意思初步揭示出来，经过词义引申，追求译文功能的有效性。例如，Sprite 的本来意思是"小精灵、鬼怪"，如果直接用这样的译名，恐怕无法为中国的消费者所理解和接受。用创意译法将其翻译为"雪碧",生动地体现了这种饮料的晶莹透明、冰凉爽口的特点,所以深受消费者的欢迎。同样,宝洁公司旗下的洗发水品牌 Rejoice 的原意为"快乐、喜悦",采用创意译法译为"飘柔",打破了原商标的字面意义,使之与飘逸柔顺的秀发产生联想,体现了商品的特质。这样的译法还有很多,例如:

Crest——佳洁士(牙膏)

BMW——宝马(汽车)

Ariel——碧浪(洗衣粉)

Scott——舒洁(纸巾)

Sportlife——魄力(口香糖)

3. 音意结合法

音意结合法是指以原商标或品牌为基础,在译语中找到发音与原义相同或相似,同时又可以反映产品一定特征的词汇。这是一种将音译与意译兼容的翻译方法,用此方法处理商标与品牌的译名,不仅要求译名与原名谐音,而且要求译名含有寓意,能反映出商品的某些特征,使消费者从译名的发音和词意中产生与该产品相关的联想。无论是专有名词、普通词汇还是臆造的词汇均可采用这种译法。现实中音意兼顾译出的商标不胜枚举。例如,美国名牌化妆品 Revlon 源自其公司创始人 Charles Revson 的姓名变体,将其汉译为"露华浓",则是典出自李白诗《清平调》中的"云想衣裳花想容,春风拂槛露华浓"一句,该译名音意并重,既女性化,又高贵浪漫,十分贴切。著名的体育名牌 Nike,原意是指希腊神话中的胜利女神,将它译成"耐克",既有坚固耐穿的含义,又包含克敌、必胜的意思,这样与其原意"胜利女神"不谋而合。相似的情况还有美国 Simons 公司。该公司生产的床垫商标名称为 Simmons,汉译为"席梦思",不仅音与原意相似,还融合了产品特性,使人联想到甜蜜的梦幻,得到社会的广泛认可,以至于现在已经成为类似商品的代名词。使用音意结合法的例子如下:

Timex——天美时(手表)

Tide——汰渍(洗衣粉)

Safeguard——舒肤佳(香皂)

Benz——奔驰(汽车)

Head&Shoulders——海飞丝(洗发水)

(三)半音半意法

半音半意法是指商标或品牌词一部分采用音译,另一部分采用意译的方法。其中的音译常常是以另一部分意译的结果为依据,以商标寓意为导向。例如,日用消费品企业 Unilevel 中的"uni"意译为"联合",而"level"音译为"利华"。译文"联合利华"似乎在暗示国人"中外合作,有利于中华",从而迎合民众心理,有利于产品进入中国市场。再如,通信器材商标 Truly,由"true"与词缀"ly"合并改写而成,"true"意为"真实的"

因此直译为"信",而"ly"音译为"利",既暗示了这一品牌的产品质量可以信赖,又带有吉利的含义。其他相似的例子还有 Oil of Ulan（玉兰油在中国的曾用商标,现已在全球统一使用英文商标 Oil of Olay）、Goldlion（金利来）等。

（四）零译法

顾名思义,这种方法是指对英文商标、品牌不进行任何汉语翻译处理,原封不动地把原文搬到汉语中来。这种译法简单实用,主要针对名称过长或者很难用汉语清楚解释的英文品牌名。例如,美国的 IBM（International Business Machine）,很少有人将它称为"国际商业机器公司",而是直接叫它"IBM";同样,韩国公司 LG（Lucky Goldstar）也很少被称为"乐喜金星集团",而是直呼其英文名字。这样的例子还有很多,如 SKII（化妆品）、H2O（化妆品）、JVC（音响）等。

四、中西文化差异对商标、品牌翻译的影响

翻译是跨文化交际和沟通的桥梁。尽管各民族文化相互渗透、相互影响,但一个民族由来已久的文化是不可能完全被另一种文化所取代的。所以在英文商标和品牌名称的翻译中,必须从社会文化背景考察语言的使用。商标的名称要适应销售地区的风俗习惯,适应不同社会、不同国度的道德观念,使商标和品牌的译名实现"客从主变,入乡随俗"。如果因为文化的差异,原商标词的内在含义很难为译文的读者所领会时,译者就必须根据两种语言和文化的各自特点,采用创造性的翻译方法,设法消除文化差异造成的沟通障碍。东西文化差异体现在很多方面,举例来说：

从数字上,我们可以看出东西方两种文化的差异。在英语国家,"7"是一个吉祥的数字,相当于中国的"8"。例如,童话《白雪公主》中有七个小矮人,一个星期有七天,在投掷游戏中得七者为胜。所以在商标的翻译中,如果要译出品牌的内在含义,需要译者根据具体情况,进行创造性的翻译。例如,英文商标词 Mild Seven 被翻译为"万事发",7-Up 被译为"七喜",就很好地体现了商标中蕴含的祝福好运的意思。

另外,国家地理位置不同,也会引起文化上的差异。如英语商标 Zephyr 就反映了英国特有的文化。在西方文化中,Zephyr 是古希腊神话中的西风之神。由于英国西临大西洋,东面欧洲大陆,西风从大西洋吹来,因此对英国人而言,西风总是温暖和煦的,是令人喜悦和值得歌颂的,如著名的《西风颂》（Ode of the West Wind）。因此英国的汽车用"西风"Zephyr 作为商标很容易被英国国内的消费者所接受。相反,在中国西风送来的不是温暖而是寒冷,因而西风过后,到处是衰败的景象,所以西风总是和凄凉、悲伤的情感相联系,如"古道西风瘦马,夕阳西下,断肠人在天涯""莫道不消魂,帘卷西风,人比黄花瘦"和"昨夜西风凋碧树,独上高楼,望尽天涯路"。所以如果将 Zephyr 翻译成"西风",会使中国的消费者产生消极的联想,而翻译成"和风"才更符合原商标的内涵和神韵。

同样,一些在西方人看来有着积极意义的动物和植物却可能为东方人所躲避和讨厌。

例如猫头鹰在西方是智慧的象征，英语中就有"as wise as an owl"的俗语。在儿童读物和漫画中，猫头鹰通常很严肃，很有头脑，很有学问。动物们之间产生争端，都喜欢请它做评判。但在中国，猫头鹰则被看作是预兆凶险的动物。因此，当英国的 OWL 牌钢笔笔尖投入中国市场时，没有直译为"猫头鹰"，以符合中国人的思想观念。与此类似，我们可以想象，如果 Fox 不是译为"福克斯"，而是译为"狐狸"，则一定会让人产生狡猾、欺诈、不可信赖的印象，从而阻碍该品牌在华业务的发展。

在英文商标、品牌的汉译时，不但要了解消费对象特定的文化背景，了解文化差异，还要了解中国汉语言的特点。汉语字词量庞大，同音字、同义字词众多，在翻译英文商标、品牌时，应避免容易造成误解和消极联想的字眼，尽量采用雅致、吉利的词语。否则即使是吉祥、美好的形象，如果不能选择合适的词汇和方法来翻译，也可能使人反感。一个经典的案例就是男子服饰商标 Goldlion 的翻译。Goldlion 商标最初译为"金狮"。狮子在西方文化中是万兽之王，是勇气和力量的象征。用"Goldlion"做商标，可以使人产生高贵、威武的联想。但翻译成汉语，"狮"的发音与"失"同音，与粤语中"输"的发音也很接近，所以当时的销售业绩并不理想。为了满足人们渴望吉利的心理，并使商品更添富丽堂皇的气派，Goldlion 公司后来采用半音半意的方法，将 gold 意译为"金"；而 lion 一词采取音译方法，两者结合在一起便形成了"金利来"商标。不但悦耳气派，而且寓意美好，所以深受消费者的欢迎。

第四节　商务信函的翻译

一、英语商务信函简介

（一）商务信函及其翻译的重要性

商务信函是商家、企业将各自的商品、服务，甚至声誉向外推介的一种手段，也是互通商业信息、联系商务事宜及促进贸易关系的重要桥梁。从本质上来看，商务信函实际上是一种推销函，写信人总是在推销着某种东西，可能是一种商品、一项服务、一种经营理念，或者是公司的形象和声誉。商家在给客户的每一封信函、传真、电报或邮件，都代表着商家的实力和水平。同时，商家也通过这种方式评估和了解自己的交易对象。

入世以来，我国的外贸活动日趋频繁。在国际贸易中，由于贸易双方远隔重洋，不可能事无巨细面对面地进行磋商洽谈，因此，英语商务信函在交易双方之间发挥着举足轻重的代言作用。如何恰当、准确地翻译商务信函不仅关系到交易的成败得失，而且还会影响商家在国际市场上的信誉和前途。严谨、贴切、达意的商务信函翻译能够帮助商家达到有效沟通的目的。相反，如果商务信函的翻译出现谬误，势必会导致双方的误解和疑虑，从而贻误商机,影响交易的顺利进行,甚至带来贸易纠纷和索赔讼诉,也会阻碍商家对海外市场的进一步拓展。

英语商务信函翻译是一项艰苦复杂而又精细的工作。要想准确、恰当地翻译各种商务信函,除了要具备了一定的英语基础以外,还要学习经济、外贸、法律等相关领域的专业知识,并深入研究商务信函的构成要素及其语言特征。

(二)英语商务信函的构成要素

正确的格式是对英语商务信函写作最起码的一项要求。一封完整的英语商务信函一般包括以下 12 个部分:

1. 信头(Letterhead);
2. 案号(Reference Number);
3. 日期(Date);
4. 封内地址(Inside Address);
5. 经办人姓名或注意事项(Particular Address or Attention Line);
6. 称呼(Salutation);
7. 事由(Subject Line or Caption);
8. 信函正文(Body of a letter);
9. 结尾敬语(Complimentary Close);
10. 签名(Signature);
11. 缩写名、附件和抄送[IEC(Initials, Enclosure and Carbon Copy Notation)Block];
12. 附言(Postscript)。

在进行商务书信往来时,一定要注意信件的格式,正确的格式能够表现出写信人认真负责的态度,给对方留下良好的第一印象,为进一步的合作铺平道路。因此,在翻译英语商务信函时,务必要做到使译文的格式和语言风格符合本国语言文化的特点。

二、英语商务信函的文体和语言特征

商务信函是公文文体的一个实用分支,具有某些固定的文体特征和语言特征。英语商务信函的翻译要想做到规范、准确、得体,就必须了解英语商务信函的主要文体特点。

下面,笔者就从词汇和篇章结构两个方面来看一下英语商务信函的文体特点。

(一)英语商务信函的词汇特征

1. 英语商务信函多采用礼貌客气的措辞

在外贸业务中,每笔业务的达成,无不与贸易双方的密切合作有关。因此,礼貌的用语与客气的措辞不仅能体现外贸工作者自身的文化素质,树立本外贸企业的良好形象,还会给贸易双方的合作营造一个友好的气氛,有利于促进贸易往来,建立良好的贸易关系。在外贸业务的各个环节与活动中,措辞讲究礼貌、委婉,这主要表现在以下几个方面:

第一，收到对方的询函/询盘（inquiry）、报盘（offer）、还盘（counter-offer）或订单（order）等，不管能否接受，都要以礼貌的语言表示诚挚的谢意。例如：

We welcome your fax inquiry today and thank you for your interest in our products.

译文：感谢贵方今日的传真询盘及对我方产品的兴趣。

We are pleased to have transacted the first business with your firm.

译文：我们很高兴同贵公司达成了首笔交易。

第二，传递令人满意信息时，措辞也应礼貌客气。例如：

Much to our delight, our manufacturers have agreed to advance their delivery to you.

译文：很高兴通知贵方，我方供货商已经同意提前发货给贵方。

We advise you with pleasure that we have this day sent by the Northwest Railway to your final address, freight paid, the captioned goods.

译文：现高兴地通知你方，上述标题货物已于今日由西北铁路公司运往贵公司，运费已付。

第三，提供令对方不满意的信息或向对方表示不满时，更需注意措辞的客气、委婉。例如：

After careful consideration, we regret to say that we cannot but decline the said order.

译文：经过认真考虑，很遗憾，我方不得不谢绝贵方的上述订单。

Your competitors are quoting far below your price. Moreover, the design and style offered by your competitors are excellent. We hope to receive your mutually profitable offers in the future.

译文：贵方的竞争对手所报价格比贵方的报价低得多，而且设计和款式都相当好。我们希望将来能收到对贵我双方都有利的报价。

第四，向对方提出要求或希望时，同样要使用礼貌客气用语。例如：

Your compliance with our request will be highly appreciated.

译文：如贵方能满足我方要求，我们将不胜感激。

We now avail ourselves of this opportunity to write to you with a view to entering into business relations with you.

译文：现在我们借此机会致函贵公司，希望与贵公司建立业务关系。

2. 在代词使用方面，英语商务信函多采用"个人参与"（personal participation）模式

英语商务信函的另一个特点就是"个人参与"（personal participation），也就是说在英语商务信函中经常会出现一些"我方如何如何""贵方如何如何"之类的话。之所以强调"个人参与"，就是为了使读信人产生亲切感，而不至于让信函显得冷冰冰的无视读信人的感受。这种"个人参与"模式具体表现为：在英语商务信函写作中，通常会采取所谓的"You-attitude"（对方态度）。主语的选择通常为"you"，几乎不使用"I-attitude"（我方态度），必要时也要用"We-attitude"代替"I-attitude"。所谓"You-attitude"就是将自己置于对方

的立场上,充分考虑对方的要求、需要、利益、愿望和感觉,尊重、体谅和赞誉对方。因为从公司发出的每一封信函都代表着公司的形象,并且是作为友好的使者,所以从对方的观点来看问题,看到对方的处境,了解对方的问题和困难,可以使自己的要求显得更加切合实际和可以理解,还可以有助于避免尴尬,促进贸易双方的进一步合作。

从下面的句子我们就可以清楚地看出这种"You-attitude"。

例如:

If you could make a reduction by 10% in quotation, we have confidence in securing large orders for you.

译文:如果贵方能将报价降低10%,我方有信心为贵方获取大批订单。

再如:

Apparently, our shipping instructions were not clear, with the result that the wrong article was shipped.

译文:显然,由于我方装船通知表达不清,导致贵方发错了货。

在上例中,尽管使用的代词是"our"而不是"your",但是却切切实实地让我们感受到了这种所谓的"You-attitude"。它所表现出来的主动承担责任、对对方少加指责的诚恳态度,恰恰体现了"You-attitude"的真谛——设身处地地为对方着想、关心对方、切实体谅对方。可见,在英语商务信函中强调"You-attitude"并不是要求写信人不分场合地使用第二人称代词,而是提醒写信人要时时刻刻设身处地地为对方着想。

英语商务信函多使用书面语,并且经常会使用一些专业术语和专业缩略词。英语商务信函涉及外贸业务磋商过程的各个环节以及与此相关的各类单据、单证、协议、合同等,因此带有一定的法律英语文体和公文英语文体的特点,所使用的词语不少是源于拉丁语、希腊语、法语等的书面词语或由其词根派生或合成的词语,或是习惯上使用的所谓的"商业用词",它们的意义比较稳定,有利于精确地表达概念,使外贸英语信函比较庄重、严肃。例如:

  ad valorem duty 从价(关)税
  at sight 即期
  bona fide holder (汇票等)善意持票人
  force majeure 不可抗力
  franchise (保险)免赔额
  pro forma invoice 形式发票

在英语商务信函中,为体现正式、庄重与严肃性,较少使用口语化的介词,而多倾向于用较复杂的介词短语,如:

  in view of 考虑到,鉴于
  prior to 在……之前
  as per 按照

in accordance with 按照，依照

另外，一些由 here，there 和 where 加上 after，at，by，from，in，of，to，under，upon，with 等介词共同构成的副词，如 hereafter，hereby，thereby，whereas，whereby 等，虽然在日常英语中很少使用，但由于其带有浓厚的法律语体和正式语体色彩，因而常出现在英语商务信函中，以显示其行文的严肃性和法律意味。此外，这些古体词也可以避免表达上不必要的重复，从而使语言更加简练。例如：

With reference to Clause 18 of the contract, we hereby place our claims before you as follows.

译文：根据合同条款第 18 条，我方向你方提出如下索赔。

In compliance with the request in your letter dated March 7, we have much pleasure in sending you herewith our pro forma invoice in quadruplicate.

译文：应贵方 3 月 7 日来函要求，特此随函附寄形式发票。

另外，由于国际贸易不断发展，业务不断创新，一些专业术语常以约定俗成的缩略词的形式出现在英语商务信函当中，为业内人士所熟知。

在英语商务信函中，专业缩略词的恰当使用不仅可以帮助增强语言的专业性、简洁性，而且可以用有限的形式表达出较多的信息，节省写作时间，十分方便。

（二）英语商务信函的篇章结构特征

英语商务信函往往强调一事一信，以免造成混乱。这样可避免造成耽搁，便于对方答复，在特殊情况下，如确有必要把不同性质的几个问题在同一封信函中提出，最好加上标题，且应坚持一个段落解决一个问题的原则。一般的信函包括三个部分：开头语、正文以及结束语。表达不同性质信息的信函，应采取不同的篇章结构。

1. 直接式结构

对于传递令人满意或中性信息的信函，一般采用"直接式结构"（direct/deductive approach），即把令人满意或中性的信息放置信首，然后给出必要的解释，最后用礼貌语言表示希望或感谢。

2. 间接式结构

传递令人不满意的信息时，为避免过于直率而伤害对方，影响业务往来，一般采用"间接式结构"（indirect/inductive approach）。所谓"间接"就是不要开门见山地把坏消息告知对方，而是以一种比较令人愉快的或至少是中性的方式开始陈述，紧接着在给出详细而充分的理由之后，再把不好的消息透露给对方，同时再提出一定的补救措施。采用这种"间接式结构"，可以尽量缓和语气，避免唐突，使对方在看到中性的陈述以及可信服的缘由之后，有一定的心理准备去接受信中令人不快的内容。而信函中提出的补救措施，可以进一步消除坏消息给对方带来的不快情绪。

敬启者：

感谢贵公司 7 月 12 日来函附来关于我方 T 型自行车的订单。

我们非常想接受贵方订单,但实难办到,因为我们手中已有很多订单,厂家任务量很重,我们已无 T 型自行车现货可供。但我们想向贵方推荐我们的新产品 K 型自行车。我们觉得该产品的设计更有吸引力,也更为实用,只是在价格方面稍有不同。对于 K 型自行车我们能够提供的最优惠的价格为澳大利亚悉尼成本加保险、运费每辆 64 美元。样品图片及说明书已空邮寄上。

恭候佳音。

谨上

上面的这封商务信函并没有开门见山地拒绝对方的订货要求,而是以一种很愉快的口气首先感谢对方寄来的订单。然后,在详细解释完不能接受对方订单的理由之后,非常婉转地拒绝了对方的订货要求。同时又向对方推荐了类似的产品。这种间接拒绝的方式,既让对方感受到写信人的真诚,又为未来的业务提供契机。在这个例子当中,"间接式结构"的优点可见一斑。

总之,英语商务信函由于受其行业特点的影响而具有其独特的语言特征。尽管像其他任何一种文体一样,英语商务信函的语言特征也不是绝对的,但是了解这些语言特征,将有助于我们更加规范、准确、得体地翻译英语商务信函。

三、英语商务信函翻译中的文体对等

美国著名翻译理论家尤金·A·奈达（Eugene A. Nida）在给翻译下定义的时候,就曾经提到过文体对等问题,可见文体对等在翻译工作中的重要性。对于英语商务信函的翻译而言,文体对等也是需要我们特别关注的一个问题。

上一节,笔者已经从词汇和篇章结构两个方面分析了英语商务信函的文体特点。归纳来看,英语商务信函的文体特点无非就是正式严谨、言简意赅、语气礼貌委婉。在翻译英语商务信函时,我们应该力求使用得体的语言,将原文的这些文体风格在译文中体现出来,尽可能做到译文和原文具有同等的文体风格。要想做到这一点,我们需要从以下几个方面入手:

（一）尽量使用书面语言,做到语言简洁规范

作为公文文体的一个实用分支,大量使用习惯用语和行业套话是英语商务信函区别于其他英语文体的一个显著特征。因此,在翻译英语商务信函时,我们也应该尽量使用正式、规范、准确的书面语言,使译文保持原文的风格。

例 1:

In reply to your inquiry of 6th August, we are pleased to offer you the following.

译文（1）：兹答复贵方 8 月 6 日询盘,并报盘如下。

译文（2）：作为对你们 8 月 6 日询盘的答复,我们很高兴地为你们做如下报盘。

通过上面两种译文的对比,我们不难看出:译文（1）使用了正式的书面语言,语言精练,

意思表达清楚，符合商务信函的行文风格。而译文（2）则比较口语化，较为随意，行文繁琐，与原文的风格不符。

例2：

We confirm having cabled you a firm offer subject to your reply reaching us by October 10.

译文（1）：现确认已向贵方电发实盘，10月10日前复到有效。

译文（2）：我们确认已经以电报的方式给你们发出了一项实盘，该实盘成立的条件就是你们的答复在10月10日之前到达我们这里。

很显然，译文（1）因为套用了一些正式的商业惯用语（例如："电发""复到"），要比口语化的译文（2）更正式、简练得多。

例3：

In view of the small amount of this transaction, we are prepared to accept payment by D/P at 30 days' sight for the value of the goods shipped.

译文：鉴于此笔交易金额较小，对于这批货物的货款，我们准备接受30天期的远期付款交单。

上一节笔者已经提到过，为体现正式、庄重与严肃性，英语商务信函中经常会使用一些比较正式的介词短语，例3中的"in view of"便是一例。为做到文体对等，凸显商务信函措辞的正式性，我们在将其翻译成汉语时特地选择了"鉴于"这样一个比较正式的书面语，而没有使用"为了""一想到"等带有强烈口语色彩的词语。

（二）译文的语气要做到礼貌、诚恳

在英语商务信函中，为了给贸易双方的合作营造一个友好的气氛，促成双方交易的达成，礼貌是行文必须遵守的原则。同样，在翻译英语商务信函的时候，我们也要时刻牢记"礼貌"二字，在译文中应该尽量选择恰当的词句将原文礼貌婉转的语气表现出来。

例如，在英语商务信函翻译中，将经办人姓名"Attention"翻译成"烦交……办理"，将称呼中的"Dear"翻译成"尊敬的"，将"you"翻译成"贵方""阁下"或"您"，将"your company"翻译成"贵公司"，将"Yours faithfully"翻译成"敬上"或"谨上"，等等，这些做法无一不是为了体现"礼貌"二字。下面笔者再来举几个例子，感受一下英语商务信函翻译中的礼貌原则。

例1：

Your early reply is highly appreciated.

译文：承蒙早日回复，不胜感激。

上述译文中加上了原文没有的"承蒙"一词，既解决了被动语态变主动语态后句子不够通畅的问题，也将"礼貌"二字发挥得淋漓尽致。

例2：

We wish to draw your attention to the fact that as a special sign of encouragement, we shall consider accepting payment by D/P during this sales stage.

译文:我们想提请贵方注意:为表示特殊鼓励,我们考虑在现行推销阶段接受付款交单。

上述译文中将"draw your attention"翻译成"提请贵方注意",要比翻译成"提醒你们"或"引起你们的注意"显得礼貌得多。

例3:

Owing to the late arrival of the steamer on which we have booked space, we would appreciate your extending the shipment date and the validity date of the L/C to the end of April and May 15 respectively.

译文(1):由于我们订舱的货轮迟到,如蒙贵方将装运日期和信用证的有效期分别延至4月末和5月15日,我们将感激不尽。

译文(2):由于我们订舱的货轮迟到,如果贵方将装运日期和信用证的有效期分别延至4月末和5月15日,我们将感激不尽。

上面两种译文,其实只存在一字之差,但给人的感觉却完全不同。译文(2)使用了"如果"一词,而译文(1)则使用了"如蒙"一词,仅一字之差,译文(1)给人的感觉却要谦恭、礼貌得多。

(三)尽量使用地道的商业用语,体现商务信函的商业风格

商务信函是在商务活动这一特定的领域所使用的应用文形式。拟写和阅读此种信函的人都是从事商务工作的个体。在以职业划分的团体环境中,通常存在为方便业内人士交流但外行不懂的语言。这种语言包括专门为定义一个专业概念而发明的词汇,普通词汇在某一特定领域的特定意思以及由一组词汇的每个单词的开头字母组成的缩写单词。笔者称上述这些语言为行话(jargon)。要将英语商务信函翻译得既专业又得当,要求我们必须掌握足够的经济、贸易、金融、法律、运输等领域的专业知识,并用地道的商业用语把它们表达出来,只有这样,才能体现出原文的商业风格。

例1:

Due to a serious shortage of shipping space, we cannot deliver these goods until October 11.

译文:由于舱位严重不足,我们无法在10月11日之前发货。

上例中,"shipping space"是海运业务中的一个专业术语,不了解的人可能会按字面意思把它翻译成"装运空间",但实际上按照海运行业的专业术语,我们应该把它翻译成"舱位"。

例2:

As stipulated, insurance is to be covered by the sellers for 110% of the total invoice value against All Risks as per and subject to the relevant Ocean Marine Cargo Clause of the People's Insurance Company of China dated 1/1, 1981.

译文:按规定,将由卖方按照发票总金额的110%投保一切险,一切险以中国人民保

险公司1981年1月1日有关的海洋运输货物的保险条款为准。

例3：

It has been our usual practice to do business with payment by D/P at sight instead of by L/C. We should, therefore, like you to accept D/P terms for this transaction and future ones.

译文：我们的惯例是以即期付款交单而不是信用证方式支付货款。因此，本笔交易和今后各笔交易，我们希望贵方能接受付款交单的支付方式。

在例2中，"cover"和"All Risks"都是国际贸易保险中的专业术语，而在例3中，"D/P at sight"和"L/C"则是银行业务中的专业术语，只有了解了保险和银行业务方面的专业知识，我们才能把它们翻译成相应的专业术语。

四、英语商务信函的分类及其翻译

商务信函作为信息的使者、感情的纽带和友谊的桥梁，在商务活动中扮演着极其重要的角色，其交际功能更是显得格外突出。因此，我们在翻译英语商务信函的过程中，除了要注意文体对等以外，还要注重其交际功能。我们要在分析清楚各种英语商务信函不同的写作目的的基础上，力求使译文体现出原文的商务目的，达到预期的效果。

根据功能划分，英语商务信函大致可以分为两类：一类是以信息功能为主，目的是为了说明情况、陈述事实、找出问题的解决办法，如询盘、发盘、还盘、索赔函、投诉函等等；另一类则是偏重于表情功能，目的是为了表达写信人的感情，增进交流，如感谢信、祝贺信、道歉信、慰问信等。下面，我们将分别举例来看看如何翻译这两类英语商务信函。

（一）以信息功能为主的英语商务信函的翻译

在翻译此类英语商务信函的时候，首先要弄清楚它要传达的是怎样一种信息；其次再选择适当的词句和语气，将这一信息表达出来。

谨上拒绝函

Dear Sirs,

We have received your telex September 29, which you asked us two weeks your inability ship the goods within the stipulatedtime. receiving your telex, we have gotten ourcustomers. However, told us urgent need postponed delivery.result,extension of L/Cisout

We would, therefore, ask you exert yourself shipment according originalschedule. event you fail doso, we ask you compensateus looking forward to your early reply.　Yours faithfully.

翻译之前，让我们先来分析一下这封信。这是一封拒绝对方展证要求的信函。此类信函应陈述拒绝的理由，而且语气应当婉转。为此，写信人在写这封信的时候采用了"间接式结构"。首先，在信的开头，写信人并没有直截了当地拒绝对方的要求，而是以一种中立的语气陈述了收到对方来电这一事实。紧接着，写信人又详细地向对方汇报了自己在收到电传以后所做的工作以及客户的态度。在做好了所有这些铺垫之后，写信人才婉言拒绝了对方展证的要求，并进一步提出自己的期望——希望对方按时装运，以免招致不必要的损失。短短的一封信，既传达了必要的信息，又让对方觉得心服口服，可谓匠心独具。因此，在翻译的时候，我们要尽可能地将原文的这种风格体现出来。

（二）以表情功能为主的英语商务信函的翻译

在翻译此类英语商务信函的时候，首先要弄清楚它要表达的是怎样一种情感；其次再选择适当的词句和语气，将这一情感表达出来。

Dear Professor White:

on your departure of China, please let us tell you that we have attended all of your lectures with high interest.We found them all stimulating and inspiring. You gave us such new viewpoints on Labor Economics that we fail to learn from both magazines and books of this field.

Thank you very much for your wonderful lectures.We hope that you will be invited to China again sometime in the future and undertake another lecture tour.

Yours sincerely
Jerry Yang

在翻译之前，还是让我们先来分析一下这封信。这是一封感谢专家前来做学术报告的感谢信，注重语言的表情功能，目的在于表达写信人的感激之情。写信人并没有直接夸赞收信人的学术水平是如何之高，而是非常含蓄地告知收信人这些学术报告观点新颖使得听众受益匪浅。最后，写信人表达了谢意及希望有机会再次聆听对方讲座的美好心愿。整封信洋溢着写信人对收信人的感激之心和敬仰之情，而且分寸拿捏得当，让人感觉非常真诚。所以在翻译时，我们应尽量使用一些贴切的词语，将原文所要传达的情感表现出来。

第五节　商务合同的翻译

一、商务合同的定义和结构

（一）商务合同的定义

合同，也叫"契约"，是双方或者多方为了一定的事由，设立、变更或者终止各自的权利和义务关系而订立的条文或协议。它是一种格式规范、措辞得当、句法结构严谨、表意明晰的文本形式。

我们知道，合同无处不在，大到公司买卖，小到日常生活，都会用到合同这种形式。合同作为具有法律约束力的文件，一般由以下几个要素构成：①签约方必须具有缔结合同的能力，即法人地位；②签约方必须在自愿的基础上达成协议；③签约方必须明确相互的承诺、责任和义务；④合同的内容必须合法。

美国法律整编合同法第二次汇编定义合同为 A contract is a promise, or a set of promises, for breach of which the law gives a remedy, or the performance of which the law in some way recognizes as a duty(合同乃为一个允诺或一组允诺。违反此一允诺时，法律给予救济；或其允诺之履行，法律在某些情况下视之为一项义务)。

合同有口头合同和书面合同的形式。在实践中，我国通常认为涉外经济合同原则上应当采用书面形式，通过合同书、协议书、确认书、信件和数据电文（如电报、传真、EDI、电子邮件）等这些书面形式均可订立合同。

在全球经济贸易活动日益频繁的今天，合同具有法律效力，可以约束合同相关各方的行为，保证商品买卖、合资经营、信贷、合作或转让、投资、租赁、加工、运输、聘用和保险等商业往来的正常进行。商务合同是规范合同各方权利和义务的有效依据，也是保障社会秩序的有效法律手段。一份严谨的商务合同，能有效地预防、避免纠纷，保障合同各方的利益；而一份考虑不周全或者叙述不完整的合同，则是纠纷和诉讼的隐患，可能会给一方或双方造成严重的经济损失。

（二）商务合同的结构

商务合同作为经贸活动中的一个重要组成部分，内容丰富、形式各样。国际商务合同是涉及两国或两国以上经贸往来的合同，牵涉面更广。虽然不同的合同具体事项各有不同，而且大小公司都会有自己的合同制式，但是合同的基本条款和结构都是大同小异的。合同有正本（Original）和副本（Copy）之分，通常由约首（Preamble）、主体（Body）和约尾（Closing）三部分构成。

1. 合同的约首

约首部分即合同总则，其主要内容有具有法人资格的当事人（合同各方）的名称（字号）或姓名、国籍、业务范围、法定住址、合同签订日期和地点，就感兴趣问题的约因、愿意达成协议的原则及授权范围。总之，前言主要明确合同的主体是谁；合同各方是否具有合法主体资格；合同及合同争议应适用的法律；合同履行地点；合同生效、终止、履行等日期及争议时的司法管辖权。

2. 合同的主体

正文部分是合同的实质性条款，是合同的中心内容，以此来明确规定当事人各方的权利、义务、责任和风险等，通常包括以下几个方面：

（1）合同的标的及其种类与范围；

（2）合同标的质量、标准、规格和数量；

（3）合同履行的期限、地点和方式；

（4）价格条件、支付金额、支付方式和各种附带费用；

（5）合同能否转让，如能转让，说明转让条件；

（6）违反合同的赔偿及其他责任；

（7）争议的解决方法；

（8）明确风险责任，约定保险范围；

（9）合同的有效期限及延长或提前终止合同的条件。

3. 合同的约尾

合同的约尾也称合同的最好条款，包括合同使用的文字及其效力、签订合同各方单位全称和法人代表姓名、委托代理人签字并盖章、签约日期。

二、商务合同的语言、句法与文体特点

（一）商务合同的语言特点

商务合同是特殊的应用文体，是具备法律效应的文件，它严格规定了合同双方的义务、权利、行为准则等明确条款。因此，为了避免产生任何误解和歧义，必须行文严谨，措辞准确、规范、具体、质朴、庄严，其用词具有准确严谨、正式专业等特征。

1. 用词正式规范，多用书面语

商务合同是具有法律效力的文本，对交易各方的权利、义务和行为准则的准确含义和范围进行直接且明确的规定，其措辞必须准确、正式以及不带个人感情色彩。因此，与口头陈述不同，此类文本多使用规范的书面语及带有法律性质的词汇来取代同义的一般词语。

2. 用词专业，多使用术语及缩略语

专业术语具有鲜明的文体特色。其意义精确、单一无歧义，且不带有个人感情色彩。为了准确描述商务活动中的各个交易环节以及与此相关的各类单据，商务合同中使用了大量表意清楚的商务术语、法律术语及缩略语。

3. 使用古体词

商务合同具有古体特点，这种古体特点的一个主要标志是古体词语的使用。古体词（Archaism）是一种具有鲜明文体色彩的词汇成分。尽管古体词在现代英语口语和一般书面语中极少使用，但在商务合同等法律文体中古体词却大量出现，充分体现出其庄重严肃的文体风格。

商务合同英语中最常使用的古体词多为一些复合副词，即由"here, there"和"where"分别加上"after, at, by, from, in, of, to, under, upon, with"等一个或几个介词共同构成的复合副词。例如，"herewith"（与此一道），"hereby"（兹），"therein"（在其中），"thereinafter"（在下文中），"thereof"（其），"thereto"（附随），"whereas"（鉴于）等。这些复合词中的"here"意为"this"，即"本节件"（合同，协议等），"there"意为"that"，即"另外的文件"（合同，协议等），"where"是"what"或"which"之意。这些古体词语的使用除了体现其庄重严肃以外，还可避免不必要的重复，使意义更加清楚、简明。这种结构的使用使商务合同文本更加严肃、有逻辑性。

4. 使用外来话

商务合同中使用的商务类专业术语有不少源于拉丁语或法语，有些则是由其词根派生或合成的，许多术语都有相同的前缀或后缀。它们的意义比较稳定，有利于精确地表达概念。"ad valorem duty"（拉丁语）从价（关）税、"bonañde holder"（拉丁语）汇票的善意持票人、"ex dividendlex coupon"除股息/除息票（ex 为拉丁语，意为 without，not including）、"pro rata tax rate"比例税率（拉丁语，即 proportional tax rate）、"agent ad litem"（拉丁语）委托代理人、"pro forma"（拉丁语）估算表、"insurance premium per capita"（拉丁语）人均保险费、"delcredere"（意大利语）货价保付代理、"force majeure"（法语）不可抗力。

5. 情态动词的准确使用

"may, shall, should, will, must, may not, shall not"等情态动词很常见，但是在商务合同中这些词具有特殊的意义，它们旨在明确约定合同当事人的权利（可以做什么），当事人的义务（应当做什么），强制性义务（必须做什么）以及禁止性义务（不得做什么）等内容。

一般来说，"may"在表示合同中的权利（Right）、权限（Power）或特权（Privilege）的场合中使用；而"Shall"在合同中并不是单纯的将来时，一般用它来表示法律上可以强制执行的义务（Obligation）。所以，"shall"在译文里，通常表示"应该"或"必须"。

6. 多用并列结构

商务合同力求正式准确，避免可能出现的误解或分歧，所以同义词（近义词）并列的现象十分普遍。有时候是出于严谨和杜绝漏洞的考虑，有时候也属于合同用语的固定模式。

这种并列结构通常是由"and"或"or"连接使用，如"furnish and provide, full or perform, null and void, in full force and effect"等。这种并列结构的使用具有两个目的：①通过两个或多个词语的共同含义来限定其唯一词义，从而排除由于一词多义可能产生的歧义，这也符合合同语言表达严谨、杜绝语义歧义或漏洞的特点；②通过两个或多个词语的并列来体现商务合同的正式性，维护法律文件的尊严。

（二）商务合同的句法特点

商务合同的用词专业、准确、正式，其句法则有结构严谨、句式较长的特点。这种特点一方面体现了此类法律文体庄严的风格、严谨的结构和清晰的逻辑；另一方面便于排除被曲解、误解而出现歧义引发争端的可能性，维护双方的合法权益。一般来讲，商务合同的句法特征主要体现在以下几个方面。

1. 多用陈述句

陈述句多用于阐述、解释、说明、规定和判断，其语言显得比较客观、平实，可以准确客观地陈述与规定合同当事人的相关权利与义务。因此，商务合同中大量使用陈述句，很少使用疑问句、祈使句以及感叹句。

2. 多用现在时

在商务合同所涉及的内容中，将来的事情远远多于现在，但是对此类事物的讲述一律用现在时，而不用将来时，旨在强调其条款的现实性、原则性和有效性。

3. 多用长句

商务合同的句式结构复杂，常常是句中有句，层层修饰，目的是力求严谨、清晰，准确界定合同当事人的有关权利与义务，排除被曲解、误解或出现歧义的可能性。

4. 多用条件句

商务合同主要约定合同各方应享有的权利和应履行的义务，但由于这种权利的行使和义务的履行均附有各种条件，所以条件句的大量使用成为商务合同的又一特点。条件句多由下列连接词引导"if, in the event of, in case(of), should, provided(that), subject to, unless otherwise"等。

5. 多用被动语态

一般情况下，商务合同的文体因素和语言环境要求强调客观事实，尽量减少个人感情、意愿的影响，从而使论述更客观、平实。因此，动词的被动语态形式有很高的出现率。

6. 名词性结构的使用

商务合同中常有意识地使用抽象名词代替动词，这就是所谓的名词性结构。名词性结构主要是指表示动作或状态的抽象名词或是起名词作用的非谓语动词。名词性结构用以表明抽象思维的逻辑性和概念化，从而使语体更加正式、更加具有书面语风格。

（三）商务合同的文体特点

商务合同作为法律文本有其自身鲜明的特点，在文体上主要体现为规范性、条理性和专业性。

1. 规范性

商务合同的订立，须符合国家的有关法律、法令和政策规定，针对不同行业的特点，具体规范当事人的签约行为，体现平等互利、协商一致、等价交换的原则。其格式行文规范，内容条款严谨，合同要素齐全，语言表达严密，不能有漏洞或错误，以免造成不必要的麻烦或损失。

2. 条理性

商务合同文体的基本格式是纲目、条项和细则，其逻辑上和语体上均要求条理非常清晰明了，项目分明。例如，英文合同的主体（main body）由约首、正文和约尾构成，合同正文一般由标有小标题的一般性条款（general provision）和特别性条款（special provision）构成，制式相对固定，无明显差异。

3. 专业性

合同不同于一般应用文体，它与当事人的利益息息相关，因而大多由律师或公司法务人员起草或代笔，经过专业人士的反复推敲和深思熟虑，有自己的套路和行话，人们经常拿以前的 IBM 开涮，因为该公司的合同动辄就过百页，虽然现在的合同篇幅缩减了不少，但几十页的合同还是很常见的。在合同起草方面，许多公司的观点是：与其等到合同执行出现问题却发现无据可依，还不如丑话说在前面，制订一份专业而复杂的合同，为将来可能发生的事扫清障碍，铺平道路。

三、商务合同的翻译标准和原则

（一）商务合同的翻译标准

翻译界广泛认可的翻译标准总体上适用于合同文本的翻译，如严复的"信、达、雅"，傅雷的"传神"，钱钟书的"化境"，奈达的"功能对等"等理论，对合同翻译具有重要的宏观指导意义。与其他语言相比，合同语言最重要的特点是准确、严谨和规范。正如侯维瑞教授所指出的，法律文书"必须词义准确、文体确切，丝毫不能允许语义的模棱两可而使人误解，被人钻了法律的空子。它的全部内容必须字面化，表层化，言外之意、弦外之音、含蓄表达、引申理解等深层意义在法律文书中是没有立足之地的。它宁可牺牲文字流畅也要保持文意斩钉截铁地确凿性"。

作为法律文件的合同，对于签订双方来说都具有法律效力，它严格规定了签约双方的义务、责任、权利、行为准则的含义和范围。而商务合同的翻译是一种跨文化交际活动，重在交际意图的达成。由于受到具体的交际语境、特殊的语言规律、特定的专业知识结构和不同文化习俗的影响，翻译时如何能够忠实地反映出原文的内容和风格，在"内容和文体风格上达到最贴近的自然对等"，一直是译者面临的一个很大的难题，需要译者在翻译实践中不断研究和反复探索。

林克难先生认为"法律文本宜先看后译"。解读是翻译的前提，有了正确的解读才能有正确的翻译。在具体翻译合同的过程中，译者必须看懂原文体式，了解法律文体的严肃性和权威性，注意目的语的交际目的，在语际转换中应信守合同原文的文体，保留法律文体的各种特点，遵守合同的惯例，注意遣词造句，表达要符合原文特色，条理清楚，意义完整，前后一致。

（二）商务合同的翻译原则

一般来说，在翻译商务合同时应遵循以下三个翻译原则。

1. 准确性

准确性是商务合同翻译的灵魂。王宗炎先生指出，"辨义是翻译之本"。辨义就是对合同文字字斟句酌，深刻理解，把握原文的确切含义，紧扣合同的文体与格式，忠实地再现原文，争取在内容和文体风格上达到最贴近的对等。

但是，对等绝非单纯的字面对应，绝非机械的生搬硬套。例如，汉语中"打白条"的翻译，如果盲目地追求形式上的对等，逐字对应翻译成"to issue blank PaPer"，外国人看了就会觉得莫名其妙，不知所云。而如果用"to issue IOUs"（IOU 是"I owe you"的缩略词）

来表达这一意思，让人一看就明白。

在国际经贸活动中经常会遇到商务合同翻译方面的错误，而且，因翻译问题引起的纠纷或官司也屡有发生。合同文字的错译、漏译，有时看似是小问题，并不起眼，却常常失之毫厘，差之千里，会给国家、企业或个人带来损失，所以翻译时需慎之又慎。在两种语言的转换中，译者需要具备相应的法律和文化知识，正确理解对应表达的含义范围，以"求信"为标准，在准确的基础上力求译文通顺。

2. 严谨性

合同翻译要在结构上和语言上体现严谨的原则。结构上要严格按照法律文件的程式和文体，语言上要使用正式的法律语言，使用专业的法律词汇、术语和句型结构，表达清楚明确，措辞严密，避免用模棱两可的词句或多义词。

曾经有这么一个案例，大致讲的是甲、乙双方为一方出具的一张凭据"还欠款一万元"打起了官司，因为这张"还欠款一万元"的凭据有两种解读方式既可以理解为"一方仍然欠另一方 1 万元"的欠条，也可以理解为"一方收到了另一方归还的欠款 1 万元"的证明。为此双方各执一词，闹得很不愉快。因此，用语严谨、表达清楚、结构严密会避免很多麻烦，不让他人有可乘之机。

3. 规范性

翻译商务合同时应遵照合同文体和语言的规范，按照约定俗成的范式，以另一种语言再现原法律文本的权威性和规范性，不允许文字上的随意性。译文不仅要做到语言上的规范化，还应做到专业上和风格上的规范化。由于商务合同是双方维护自己权益的书面法律依据，因此，它的措辞都要求运用庄严的语言或正式文体，只有经双方同意后，才能对合同的语言文字进行变动或修饰。译者翻译时必须严格按照原文，避免随意性。例如，专利许可协议中的"特许权使用费"用"royalties"一词表达，还款或专利申请的"宽限期"对应的英文为"grace"等，这些均为合同中常用的规范用语。

四、商务合同的翻译技巧

（一）转换法

转换法是英汉互译常见的技巧之一，它是指一个词在源语中的词性在目的语中未必是同一个词性。使用转换法翻译商务合同就是把英语合同中的某一成分转换为汉语合同的另一成分或将汉语的某一成分转换成英语的另一成分，不需要一词一句地拘泥于原文的顺序排列和句子结构，根据翻译语境和具体业务中的背景有机转化，从准确翻译的角度出发进行翻译。通过对句子成分和结构形式作出适当调整，使合同的译文更加通顺，更加规范。

1. 主语转换为谓语

主语转换为谓语，前提是原文的主语是动作性名词，且是被动语态形式。翻译时，须将英语的被动语态调整为汉语的主动语态，进行转换翻译。

2.主语转换为宾语

主语转换为宾语，原文的主语一般是名词，且采用被动语态。翻译时，须将英语的被动语态调整为汉语的主动语态，主语转换为宾语。

3.表语转换为谓语

介词短语作表语时，可将其转换为汉语的谓语，这样有利于译文的连贯。

4.定语转换为状语

在英语中，如果将某一含有动作意义的名词转换为汉语的动词，那么，原来名词前的形容词或分词做定语，即可转为汉语的状语。除以上几种转换方式外，商务合同的翻译中还存在宾语转换为谓语、表语转换为主语、状语转换为主语等形式。

商务合同中有关包装、装运、保险、支付、检验、争端解决等条款大多采用被动句结构。翻译这类被动句时，通常采用转换法，即将源语中的被动语态转换成译语的主动语态，以便更好地体现合同行文的得体、严谨等特征。

（二）长句的翻译

由于英汉两种语言在思维、表达方式等方面的差异，在翻译商务合同长句时，不能照句直译，应在充分理解句中短语、修饰词、连接词所传递含义的基础上，把握句子的中心思想及句中各部分之间的逻辑关系，采用顺译、分译、合译、语序调整等手段对原句进行处理。一般来说，英语重形合，句子的各个成分由连词、介词或起连接作用的各种词组组合起来，句子结构较为严谨，句型常呈树枝状展开，长句较多；而汉语重意合，句子成分主要靠意思串联，句子结构较为松散，多以连锁式的短句呈现。因此，在商务合同的英汉互译中，要特别注意体现两种语言在结构上的差异。

（三）酌情使用公文语惯用副词

商务合同属于法律性公文，所以英译时，有些词语要用公文语词语，特别是酌情使用英语惯用的一套公文语副词，就会起到使译文结构严谨、逻辑严密、言简意赅的作用。但是从一些合同的英文译本中发现，这种公文语副词常被普通词语所代替，从而影响译文的质量。

实际上，这种公文语惯用副词为数并不多，而且构词简单易记。常用的这类副词是由 here，there，where 等副词分别加上 after，by，in，of，on，to，under，upon，with 等副词，构成一体化形式的公文语副词。

（四）谨慎选用极易混淆的词语

在英译商务合同翻译时，常常由于选词不当而导致词不达意或者意思模棱两可，有时甚至表达的是完全不同的含义。因此了解与掌握极易混淆的词语的区别是极为重要的，是提高英译质量的关键因素之一，现把常用且易混淆的七对词语论述如下。

1.hipping advice 与 hipping instructions

shipping advice 是"装运通知"，是由出口商（卖主）发给进口商（买主）的。然而

shipping instructions 则是"装运须知",是进口商(买主)发给出口商(卖主)的。另外,要注意区分 vendor(卖主)与 vendee(买主),consignor(发货人)与 onsignee(收货人)。上述这三对词语在英译时极易发生笔误。

2.abide by 与 comply with

abide by 与 comply with 都有"遵守"的意思,但是当主语是"人"时,英译"遵守"须用 abide by,当主语是非人称时,则用 comply with。

3.change A to B 与 change A into B

英译"把 A 改为 B"用"change A to B",英译"把 A 折合成/兑换成 B",用"change A into B",两者不可混淆。

4.ex 与 per

源自拉丁语的介词 ex 与 per 有各自不同的含义。英译由某轮船"运来"的货物时用 ex,由某轮船"运走"的货物用 per,而由某轮船"承运"用 by。

5.in 与 after

当英译"多少天之后"时,往往是指"多少天之后"确切的一天,所以必须用介词 in,而不能用 after,因为介词 after 指的是"多少天之后"不确切的任何一天。

6.on/upon 与 after

当英译"……到后,就……"时,用介词 on/upon,而不用 after,因为 after 表示"……之后"的时间不明确。

7.by 与 before

当英译终止时间时,如"在某月某日之前",如果包括所写日期时,就用介词 by,如果不包括所写日期,即指到所写日期的前一天为止,就要用介词 before。

参考文献

[1] 刘思岑.案例教学法在商务英语翻译教学中的应用[J].神州:下旬刊,2013(11):108.

[2] 王淼,郭林.案例教学法在商务英语翻译教学中的应用[J].课程教育研究,2013(26):94.

[3] 杨爱萍.商务英语多维度案例教学模式[J].前沿,2013(23):130-132.

[4] 周海昕.商务英语案例教学研究与实践[J].中国科教创新导刊,2013(13):20-22.

[5] 郑曦.浅谈商务英语的案例教学法[J].时代报告:下半月,2013(2):35.

[6] 寇鸽.案例教学法在本科英语翻译教学中的应用[J].科技信息,2014(3):83,105.

[7] 何安平.语料库语言学与英语教学[M].北京:外语教学与研究出版社,2004:1.

[8] 刘晖.自建平行语料库在高职商务英语翻译教学中的应用[J].中国科教创新导刊,2010(16):110.

[9] 王克非.双语平行语料库在翻译教学上的用途[J].外语电化教学,2004(6):27-32.

[10] 王克非,秦洪武.论平行语料库在翻译教学中的应用[J].外语教学与研究出版社,2015.

[11] 韦汉,张平,钟慧连.基于机读语料库的商务英语翻译教学[J].福建教育学院学报,2014,15(4):103-105.

[12] 周玉林.试论商务英语语料库的建设及其应用[J].长沙铁道学院学报(社会科学版),2010,11(1):148-157.

[13] 王璐.从奈达功能对等理论的角度看隐喻翻译[J].常州大学学报,2012(1):101-104.

[14] 邵巍.功能对等理论对电影字幕翻译的启示[J].西安外国语大学学报,2009(2):89-91.

[15] 邓铁.功能对等翻译理论与药品说明书的英译汉策略[J].河北北方学院学报,2014(3):7-11.

[16] 蒋琳.杜撰词的象似性与翻译中的功能对等[J].中国科技翻译,2012(3):18-21.

[17] 罗耀慧.互文性理论在商务英语翻译教学中的应用研究[J].吉林广播电视大学学报,2014,06(26).